FORJA

Conheça nossos clubes

Conheça nosso site

@ @editoraquadrante
♪ @editoraquadrante
▶ @quadranteeditora
f Quadrante

JOSEMARIA ESCRIVÁ

FORJA

5ª edição

Tradução
Emérico da Gama

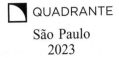
QUADRANTE

São Paulo
2023

Título original
Forja

Copyright © 2005 by Fundación Studium

Capa
Gabriela Haeitmann

Com aprovação eclesiástica

Dados Internacionais de Catalogação na Publicação (CPI)
(Câmara Brasileira do Livro, SP, Brasil)

Escrivá de Balaguer, Josemaria, 1902-1975.
 Forja / Josemaria Escrivá; tradução de Emérico da Gama. – 5ª ed. – São Paulo : Quadrante, 2023.

Título original: *Forja*
ISBN: 978-85-7465-529-1

1. Ascetismo 2. Espiritualidade 3. Meditações 4. Oração 5. Vida cristã 6. Vida espiritual – Igreja Católica I. Título.

CDD-248.482

Índice para catálogo sistemático:
1. Vida cristã : Guias para católicos romanos : Cristianismo 248.482

Todos os direitos reservados a
QUADRANTE EDITORA
Rua Bernardo da Veiga, 47 - Tel.: 3873-2270
CEP 01252-020 - São Paulo - SP
www.quadrante.com.br - atendimento@quadrante.com.br

SUMÁRIO

Apresentação	7
O Autor	17
Prólogo do Autor	21
DESLUMBRAMENTO	23
LUTA	41
DERROTA	68
PESSIMISMO	84
PODES!	103
TORNAR A LUTAR	129
RESSURGIR	158
VITÓRIA	189
TRABALHO	217
CRISOL	236
SELEÇÃO	263
FECUNDIDADE	280
ETERNIDADE	302
Índice de textos da Sagrada Escritura	323
Índice por pontos de textos da Sagrada Escritura	327
Índice analítico	331

APRESENTAÇÃO

A 7 de agosto de 1931, dia em que a diocese de Madri celebrava a festa da Transfiguração do Senhor, Mons. Josemaria Escrivá deixou anotada uma das experiências místicas que o Senhor lhe concedia. Ao celebrar a Santa Missa, Deus fez-lhe entender de um modo novo as palavras do Evangelho: Et ego, si exaltatus fuero a terra, omnia traham ad meipsum[1]. **Compreendi que serão os homens e mulheres de Deus quem levantará a Cruz com as doutrinas de Cristo sobre o pináculo de toda a atividade humana... E vi triunfar o Senhor, atraindo a Si todas as coisas.** *Depois, como resposta a essas luzes, continua a escrever.* **Apesar de sentir-me vazio de virtude e de ciência (a humildade é a verdade..., sem momices), quereria escrever uns livros de fogo, que corressem pelo mundo como chama viva, prendendo a sua luz e o**

---

(1) *Ioann.* XII, 32; era desta forma que se escrevia, na época, o texto sagrado, segundo a versão oficial da Vulgata.

seu calor nos homens, convertendo os pobres corações em brasas, para oferecê-los a Jesus como rubis da sua coroa de Rei[2].

Caminho, Sulco e Forja *foram também fruto dessas ânsias. Ainda que as duas últimas destas obras tenham sido publicadas como póstumas, nasceram então, e nenhuma descrição mais apropriada do que essas palavras do seu Autor. Forja é um livro de fogo, cuja leitura e meditação pode meter muitas almas na fornalha do Amor divino, e acendê-las em afãs de santidade e de apostolado, porque esse era o desejo de Mons. Escrivá, claramente refletido no Prólogo:* **Como não hei de tomar a tua alma – ouro puro – para metê-la em** *forja,* **e trabalhá-la com o fogo e o martelo, até fazer desse ouro nativo uma joia esplêndida para oferecer ao meu Deus, ao teu Deus?**

Forja compõe-se de 1055 pontos de meditação, distribuídos em treze capítulos. Muitos desses pontos têm uma clara feição autobiográfica: são anotações redigidas pelo Fundador do Opus Dei nuns cadernos espirituais que, sem serem um diário, escreveu durante os anos trinta. Nesses apontamentos pessoais, registrava algumas manifestações da ação divina na sua alma, para meditá-las uma vez e outra na sua oração pessoal, como também acontecimentos e episódios da vida corrente, dos quais se esforça por tirar sempre

---

(2) São Josemaria Escrivá, 7-VIII-1931. Nota manuscrita conservada no Arquivo da Prelazia da Santa Cruz e Opus Dei.

um ensinamento sobrenatural. Como é característico de Mons. Escrivá, que sempre fugiu de chamar a atenção, as referências a situações e episódios de caráter autobiográfico costumam aparecer narradas em terceira pessoa.

Aos que tínhamos a grande fortuna de viver a seu lado, Mons. Escrivá falou-nos muitas vezes deste livro, que foi tomando corpo ao longo dos anos. Além de lhe dar a ordem definitiva, desejava ler devagar cada um dos pontos, para pôr neles todo o seu amor sacerdotal a serviço do leitor: não lhe interessava embelezá-los, pretendia apenas chegar à intimidade das almas; e nessa espera... o Senhor o chamou à sua intimidade. E tal como os deixou, aparecem agora a público.

O nervo de Forja pode ser resumido nesta afirmação: **A vida de Jesus Cristo, se Lhe somos fiéis, repete-se de alguma maneira na de cada um de nós, tanto no seu processo interno – na santificação – como na conduta externa** *(n. 418).*

A configuração progressiva com Jesus Cristo, que constitui a essência da vida cristã, realiza-se de modo escondido por meio dos sacramentos[3]. *Requer, além disso, o esforço de cada um por corresponder à graça: por conhecer e amar o Senhor, por cultivar os seus mesmos sentimentos*[4]; *por reproduzir a sua vida*

---

(3) Cfr. Concílio Vaticano II, Const. dogm. *Lumen Gentium*, n. 7.
(4) Cfr. *Philip.* II, 5.

na conduta diária, até poder exclamar com o Apóstolo: Vivo autem, iam non ego; vivit vero in me Christus[5], *não sou eu que vivo, mas é Cristo que vive em mim. Assim Mons. Escrivá nos concretiza o programa – a santidade – que o Senhor propõe a todos, sem exceção de nenhum tipo:* **Repara bem: há muitos homens e mulheres no mundo, e nem a um só deles deixa o Mestre de chamar. Chama-os a uma vida cristã, a uma vida de santidade, a uma vida de eleição** *(n. 13).*

Este itinerário interior de progressiva identificação com Cristo vem a ser a trama de Forja. *Uma trama que não constitui um molde rígido para a vida interior; nada mais longe das intenções de Mons. Escrivá, que tinha um enorme respeito pela liberdade interior de cada pessoa. Porque, afinal de contas, cada alma segue o seu próprio caminho, a impulsos do Espírito Santo. Estes pontos de meditação são antes sugestões de amigo, conselhos paternos para quem resolve tomar a sério a sua vocação cristã.*

Forja, *em última análise, acompanha a alma no percurso da sua santificação, desde que percebe a luz da vocação cristã até que a vida terrena se abre à eternidade. O primeiro capítulo está dedicado precisamente à vocação; o autor intitulou-o* Deslumbramento, *porque ficamos deslumbrados de cada vez que Deus nos vai fazendo entender que somos seus filhos,*

---

(5) Galat. II, 20.

que custamos todo o Sangue do seu Filho Unigênito e que – apesar da nossa pouquidão e da nossa miséria pessoal – Ele nos quer corredentores com Cristo: **Filhos de Deus. – Portadores da única chama capaz de iluminar os caminhos terrenos das almas, do único fulgor em que nunca se poderão dar escuridões, penumbras ou sombras** *(n. 1).*

A resposta à vocação divina exige uma luta constante. Um combate sem estrondo na palestra da vida ordinária, porque **ser santo [...] não é fazer coisas esquisitas: é lutar na vida interior e no cumprimento heroico, acabado, do dever** *(n. 60).*

Neste combate interior, não faltarão as derrotas, e pode espreitar-nos o perigo do desalento. Por isso, o Fundador do Opus Dei inculcou sem tréguas nas almas aquele possumus *dos filhos de Zebedeu*[6]; *um grito – podemos! – que não nasce da presunção, mas da humilde confiança na Onipotência divina.*

Mons. Escrivá gostava da imagem do burrico, um animal pouco vistoso, humilde, trabalhador, que mereceu a honra de levar Jesus Cristo em triunfo pelas ruas de Jerusalém. Essa imagem do burro, perseverante, obediente, conhecedor da sua indignidade, serve-lhe para animar o leitor a adquirir e praticar uma série de virtudes que, com agudo senso de observação, descobria no burrico de nora: **humilde, duro para o trabalho e perseverante, teimoso!, fiel, seguríssimo**

---

(6) Marc. X, 39.

no seu passo, forte e – se tiver bom dono – agradecido e obediente *(n. 380)*.

Estreitamente ligada à humildade e à perseverança do burrico de nora, aparece, com efeito, a obediência. **Convence-te de que, se não aprendes a obedecer, não serás eficaz** *(n. 626). Porque obedecer a quem em nome de Deus dirige a nossa alma e orienta o apostolado é abrir-se à graça divina, deixar agir o Espírito: é humildade. Obediência, pois, ao próprio Deus. E, por Deus, à sua Santa Igreja. Não há outro caminho:* **Persuade-te, filho, de que desunir-se, na Igreja, é morrer** *(n. 631). É outra das ideias-mestras na pregação de Mons. Escrivá: não separar Cristo da sua Igreja, não separar o cristão de Cristo, a quem está unido pela graça. Só assim a vitória é segura.*

Os homens e as mulheres que procuram a santidade no mundo realizam o seu trabalho apostólico em e a partir do cumprimento dos seus deveres habituais, em primeiro lugar o trabalho profissional. **Pelo ensinamento de São Paulo, sabemos que temos de renovar o mundo no espírito de Jesus Cristo, que temos de colocar o Senhor no alto e na entranha de todas as coisas. – Achas que estás cumprindo isso no teu ofício, na tua tarefa profissional?** *(n. 678).*

Juntamente com o trabalho, todas as realidades nobres dos homens devem converter-se em instrumento pessoal de santidade e de apostolado. **Admira a bondade do nosso Pai-Deus: não te enche de alegria** a certeza de que o teu lar, a tua família, o teu país, que amas com loucura, são matéria de santidade? *(n. 689). Assim, refere-se também em vários pontos ao casamento e à família; e depois, aos deveres cívicos.* Porque o Senhor quis que os seus filhos, os que recebemos o dom da fé, manifestássemos a original visão otimista da criação, o "amor ao mundo" que palpita no cristianismo *(n. 703).*

O Autor não deixa de recordar que, para divinizar o humano, se requer uma profunda vida interior: caso contrário, correr-se-ia o risco de humanizar o divino, sem esquecer – como ouvi repetir a Mons. Escrivá – que todo o sobrenatural, quando se refere aos homens, é muito humano. *Por isso, quanto mais plena for a identificação com Cristo, mais prementes se tornam os afãs apostólicos, porque* a santidade – quando é verdadeira – transborda do recipiente, para encher outros corações, outras almas, dessa superabundância *(n. 856).*

O cristão adquire um coração grande como o de Cristo, onde cabem todos. Jesus fará que ganhes um carinho grande por todas as pessoas com quem te relacionas, que em nada toldará aquele que tens por Ele. Ao contrário: quanto mais amares Jesus, mais gente caberá no teu coração *(n. 876). Detesta--se então toda a mesquinhez, qualquer tentativa de particularismo e mais ainda de facção. Entrelaçam-se assim duas atitudes típicas da alma amadurecida: uma insaciável ânsia de almas –* nenhuma! te pode

ser indiferente *(n. 951)* – *e o desejo* – *também insaciável* – *de união com Deus (cfr. n. 927).*

Como a ânsia de Deus não pode ser saciada nesta terra, anela-se pela união definitiva na eternidade. Este é o tema do último capítulo de Forja. Em estilo paulino, e de modo especialmente intenso nos últimos anos da sua vida, o Fundador do Opus Dei sentia simultaneamente a aspiração de abraçar quanto antes o seu Amor no Céu – quantas vezes não repetiu as palavras do salmo: Vultum tuum, Domine, requiram![7] – *e o desejo de servi-Lo eficazmente por muito tempo na terra:* **Morrer é uma coisa boa. Como pode ser que haja quem tenha fé e, ao mesmo tempo, medo da morte?... Mas, enquanto o Senhor te quiser manter na terra, morrer, para ti, é uma covardia. Viver, viver e padecer e trabalhar por Amor: isto é o que te toca** *(n. 1037).*

Há deste modo uma perfeita continuidade na vida dos filhos de Deus: **a felicidade do Céu é para os que sabem ser felizes na terra** *(n. 1005). É o prêmio que Jesus Cristo prometeu aos seus seguidores*[8]*: felizes aqui, com uma felicidade relativa, e plenamente ditosos na vida eterna.*

Atrevo-me a assegurar-te, amigo leitor, que se tu e eu nos metermos nesta forja *do Amor de Deus, as nossas almas se farão melhores, perderão um pouco da ganga que tinham. Mons. Escrivá guiar-nos-á pelos*

---

(7) *Ps.* XXVI, 8.

caminhos da vida interior, com passo seguro, como quem conhece o terreno palmo a palmo, porque o percorreu muitas vezes. Se nos lançarmos de verdade a percorrer esta senda, se começarmos e recomeçarmos quantas vezes for preciso (cfr. n. 384), também nós chegaremos ao fim da nossa carreira com paz e alegria, certos de sermos acolhidos nos braços do nosso Pai do Céu.

Temos, não o esqueças, a proteção da Santíssima Virgem; a Ela recorremos ao terminarmos estas páginas, com palavras de Forja, para que a leitura e a meditação deste livro alcancem em nós, com a graça de Deus, a finalidade que Mons. Escrivá se propôs ao escrevê-lo: **Mãe! Faz que eu procure o teu Filho; faz que eu encontre o teu Filho; faz que eu ame o teu Filho... com todo o meu ser!** *(n. 157).*

Roma, 26 de dezembro de 1986
Álvaro del Portillo

---

(8) Cfr. *Matth.* XIX, 29.

O AUTOR

São Josemaria Escrivá São Josemaria Escrivá nasceu em Barbastro (Espanha), no dia 9 de janeiro de 1902. Em 1918 começou os estudos eclesiásticos no Seminário de Logroño, prosseguindo-os depois no de São Francisco de Paula, em Saragoça. Entre 1923 e 1927 estudou também Direito Civil na Universidade de Saragoça. Recebeu a ordenação sacerdotal em 28 de março de 1925. Iniciou o seu ministério sacerdotal na paróquia de Perdiguera, continuando-o depois em Saragoça.

Na primavera de 1927 mudou-se para Madri, onde realizou um infatigável trabalho sacerdotal em todos os ambientes, dedicando também a sua atenção aos pobres e desvalidos dos bairros mais distantes, especialmente doentes incuráveis e moribundos dos hospitais. Aceitou o cargo de capelão do Patronato dos Enfermos, trabalho assistencial das Damas Apostólicas do Sagrado Coração, e foi professor em uma academia universitária, enquanto fazia o doutorado em Direito Civil.

No dia 2 de outubro de 1928, o Senhor fez-lhe ver o Opus Dei (Obra de Deus). Em 14 de fevereiro de 1930 compreendeu – por inspiração divina – que devia estender o apostolado do Opus Dei também às mulheres. Abria-se assim na Igreja um caminho novo, destinado a promover entre pessoas de todas as classes sociais a procura da santidade e o exercício do apostolado, mediante a santificação do trabalho de cada dia no meio do mundo. No dia 14 de fevereiro de 1943, fundou a Sociedade Sacerdotal da Santa Cruz, inseparavelmente unida ao Opus Dei. Além de permitir a ordenação sacerdotal de membros leigos do Opus Dei e a sua incardinação a serviço da Obra, a Sociedade Sacerdotal da Santa Cruz viria a permitir mais tarde que os sacerdotes incardinados nas dioceses pudessem participar do espírito e da ascética do Opus Dei, buscando a santidade no exercício dos seus deveres ministeriais, em dependência exclusiva do seu respectivo Bispo. O Opus Dei foi erigido em Prelazia pessoal por São João Paulo II no dia 28 de novembro de 1982: era a forma jurídica prevista e desejada por São Josemaria Escrivá.

Em 1946 Mons. Escrivá passou a residir em Roma, onde permaneceu até o fim da vida. Dali estimulou e orientou a difusão do Opus Dei por todo o mundo, dedicando-se a dar aos homens e mulheres da Obra e a muitas outras pessoas uma sólida formação doutrinal, ascética a apostólica. Por ocasião da sua morte, o

Opus Dei contava mais de 60.000 membros de oitenta nacionalidades.

São Josemaria Escrivá faleceu em 26 de junho de 1975. Havia anos, oferecia a Deus a sua vida pela Igreja e pelo Papa. Seu corpo repousa no altar da igreja prelatícia de Santa Maria da Paz, na sede central da Prelazia do Opus Dei. A fama de santidade que o Fundador do Opus Dei já tinha em vida foi-se estendendo após a sua morte por todos os cantos do mundo, como mostram os abundantes testemunhos de favores espirituais e materiais que se atribuem à sua intercessão, entre eles algumas curas medicamente inexplicáveis. São João Paulo II canonizou Josemaria Escrivá no dia 6 de outubro de 2002.

Entre seus escritos publicados, contam-se, além do estudo teológico-jurídico *La Abadesa de Las Huelgas*, livros de espiritualidade traduzidos para numerosas línguas: *Caminho, Santo Rosário, É Cristo que passa, Amigos de Deus, Via Sacra, Sulco* e *Forja*. Sob o título *Entrevistas com Mons. Josemaria Escrivá* publicaram-se também algumas entrevistas que concedeu à imprensa. Uma ampla documentação sobre São Josemaria pode ser encontrada em www.escrivaworks.org.br, em www.opusdei.org e em www.josemariaescriva.info.

AQUELA MÃE
– SANTAMENTE APAIXONADA, COMO TODAS AS MÃES –
CHAMAVA AO SEU FILHO PEQUENO:
SEU PRÍNCIPE, SEU REI, SEU TESOURO, SEU SOL.
EU PENSEI EM TI.
E ENTENDI
– QUE PAI NÃO TRAZ NAS ENTRANHAS
QUALQUER COISA DE MATERNAL? –
QUE NÃO ERA EXAGERO
O QUE DIZIA AQUELA MÃE BOA:
TU... ÉS MAIS QUE UM TESOURO,
VALES MAIS QUE O SOL:
VALES TODO O SANGUE DE CRISTO!
COMO NÃO HEI DE TOMAR A TUA ALMA
– OURO PURO –
PARA METÊ-LA EM *FORJA*,
E TRABALHÁ-LA COM O FOGO E O MARTELO,
ATÉ FAZER DESSE OURO NATIVO UMA JOIA ESPLÊNDIDA
PARA OFERECER AO MEU DEUS,
AO TEU DEUS?

DESLUMBRAMENTO

1 Filhos de Deus. – Portadores da única chama capaz de iluminar os caminhos terrenos das almas, do único fulgor em que nunca se poderão dar escuridões, penumbras ou sombras.

– O Senhor serve-se de nós como tochas, para que essa luz ilumine... De nós depende que muitos não permaneçam em trevas, mas andem por caminhos que levam até à vida eterna.

2 – Deus é meu Pai! – Se meditares nisto, não sairás desta consoladora consideração.

– Jesus é meu Amigo íntimo! (outra descoberta), que me ama com toda a divina loucura do seu Coração.

– O Espírito Santo é meu Consolador!, que me guia nos passos de todo o meu caminho. ▷

Pensa bem nisto. – Tu és de Deus..., e Deus é teu.

3   Meu Pai – trata-O assim, com confiança! –, que estás nos Céus, olha-me com Amor compassivo, e faz que eu te corresponda.
— Derrete e inflama o meu coração de bronze, queima e purifica a minha carne não mortificada, enche o meu entendimento de luzes sobrenaturais, faz que a minha língua seja pregoeira do Amor e da Glória de Cristo.

4   Cristo, que subiu à Cruz com os braços abertos de par em par, com gesto de Sacerdote Eterno, quer contar conosco – que não somos nada! – para levar a "todos" os homens os frutos da sua Redenção.

5   Estamos com gosto, Senhor, na tua mão chagada. Aperta-nos com força!, esprema-nos!, que percamos toda a miséria terrena!, que nos purifiquemos, que nos inflamemos, que nos sintamos embebidos no teu Sangue!
— E depois, lança-nos longe!, longe, com fomes de messe, para uma semeadura cada dia mais fecunda, por Amor de ti.

6 Não tenhas medo, nem te assustes, nem te espantes, nem te deixes levar por uma falsa prudência.

A chamada para cumprir a Vontade de Deus – e bem assim a vocação – é repentina, como a dos Apóstolos: encontrar Cristo e seguir o seu chamamento...

– Nenhum deles hesitou: conhecer Cristo e segui-Lo foi tudo uma só coisa.

7 Chegou para nós um dia de salvação, de eternidade. Uma vez mais se ouvem esses silvos do Pastor Divino, essas palavras carinhosas: «Vocavi te nomine tuo» – Eu te chamei pelo teu nome.

Como a nossa mãe, Ele nos convida pelo nome. Mais ainda: pelo apelido carinhoso, familiar. – Lá na intimidade da alma, Ele chama, e é preciso responder: «Ecce ego, quia vocasti me» – aqui estou porque me chamaste, decidido a não permitir que, desta vez, o tempo passe como a água sobre as pedras, sem deixar rasto.

8 Tens de viver junto de Cristo! Deves ser, no Evangelho, um personagem mais, convivendo com Pedro, com João, com André..., porque Cristo também vive agora: «Iesus Christus, heri et hodie, ipse et in saecula!» – Jesus Cristo vive!, hoje como ontem: é o mesmo, pelos séculos dos séculos.

9   Senhor, que os teus filhos sejam como uma brasa ardentíssima, sem labaredas que se vejam de longe. Uma brasa que prenda o primeiro ponto de ignição em cada coração que tenham perto de si...

– Tu farás que essa fagulha se converta num incêndio: os teus Anjos – bem o sei, bem o tenho visto – são muito entendidos em soprar sobre o rescaldo dos corações..., e um coração sem cinzas não pode deixar de ser teu.

10   Pensa no que diz o Espírito Santo, e enche-te de pasmo e agradecimento: «Elegit nos ante mundi constitutionem» – escolheu-nos antes de criar o mundo –, «ut essemus sancti in conspectu eius!» – para que sejamos santos na sua presença.

– Ser santo não é fácil, mas também não é difícil. Ser santo é ser bom cristão: parecer-se com Cristo. – Aquele que mais se parece com Cristo, esse é mais cristão, mais de Cristo, mais santo.

– E que meios temos? – Os mesmos dos

primeiros fiéis, que viram Jesus ou O entreviram através dos relatos dos Apóstolos ou dos Evangelistas.

11   Que dívida a tua para com teu Pai-Deus! – Ele te deu o ser, a inteligência, a vontade... Deu-te a graça: o Espírito Santo; Jesus, na Hóstia; a filiação divina; a Santíssima Virgem, Mãe de Deus e Mãe nossa. Deu-te a possibilidade de participares da Santa Missa e te concede o perdão dos teus pecados, tantas vezes o seu perdão! Deu-te dons sem conta, alguns extraordinários...

– Diz-me, filho: como tens correspondido?, como correspondes?

12   Não sei o que se passará contigo..., mas eu preciso confiar-te a minha emoção interior, depois de ler as palavras do profeta Isaías: «Ego vocavi te nomine tuo, meus es tu!» – Eu te chamei, Eu te trouxe à minha Igreja, tu és meu! Que Deus me diga a mim que sou dEle! É para ficar louco de Amor!

13   Repara bem: há muitos homens e mulheres no mundo, e nem a um só deles deixa o Mestre de chamar.   ▷

Chama-os a uma vida cristã, a uma vida de santidade, a uma vida de eleição, a uma vida eterna.

14 Cristo padeceu por ti e para ti, para te arrancar da escravidão do pecado e da imperfeição.

15 Nestes momentos de violência, de sexualidade brutal, selvagem, temos de ser rebeldes. Tu e eu somos rebeldes: não nos dá na veneta deixar-nos levar pela corrente, e ser uns animais.

Queremos portar-nos como filhos de Deus, como homens ou mulheres muito chegados a seu Pai, que está nos Céus e quer estar muito perto – dentro! – de cada um de nós.

16 Medita nisto com frequência: sou católico, filho da Igreja de Cristo! Ele me fez nascer num lar "seu", sem nenhum mérito da minha parte.

– Quanto te devo, meu Deus!

17 Recordai a todos – e de modo especial a tantos pais e a tantas mães de família que se dizem cristãos – que a "vocação", a chamada de Deus, é uma graça do Senhor, uma escolha feita pela bondade divina, um motivo de santo orgulho, um servir a todos com gosto por amor a Jesus Cristo.

18   Serve-me de eco: não é um sacrifício, para os pais, que Deus lhes peça os filhos; nem, para aqueles que o Senhor chama, é um sacrifício segui-Lo.

É, pelo contrário, uma honra imensa, um orgulho grande e santo, uma prova de predileção, um carinho particularíssimo, que Deus manifestou num momento concreto, mas que estava na sua mente desde toda a eternidade.

19   Agradece a teus pais o fato de te terem dado a vida, para poderes ser filho de Deus. – E sê ainda mais agradecido, se foram eles que puseram na tua alma o primeiro germe da fé, da piedade, do teu caminho de cristão ou da tua vocação.

20   Há muitas pessoas à tua volta, e não tens o direito de ser obstáculo ao seu bem espiritual, à sua felicidade eterna.

– Tens obrigação de ser santo: de não frustrar Deus pela escolha de que te fez objeto; nem tampouco essas criaturas que tanto esperam da tua vida de cristão.

21 O mandamento de amar os pais é de direito natural e de direito divino positivo, e eu o tenho chamado sempre "dulcíssimo preceito".

— Não descures a tua obrigação de amar cada dia mais os teus, de mortificar-te por eles, de rezar por eles e de lhes agradecer todo o bem que lhes deves.

22 Tal como quer o Mestre, tu tens de ser – bem metido neste mundo, em que nos toca viver, e em todas as atividades dos homens – sal e luz. – Luz que ilumina as inteligências e os corações; sal que dá sabor e preserva da corrupção.

Por isso, se te falta ímpeto apostólico, far-te-ás insípido e inútil, defraudarás os outros e a tua vida será um absurdo.

23 Uma onda suja e podre – vermelha e verde – empenha-se em submergir a terra, cuspindo a sua porca saliva sobre a Cruz do Redentor...

E Ele quer que das nossas almas saia outra

onda – branca e poderosa, como a destra do Senhor –, que afogue, com a sua pureza, a podridão de todo o materialismo e neutralize a corrupção que inundou o orbe: é para isso que vêm – e para mais – os filhos de Deus.

24 Muitos, com ares de autojustificação, se interrogam: – Eu, por que hei de meter-me na vida dos outros?

– Porque tens obrigação, como cristão, de meter-te na vida dos outros, para servi-los!

– Porque Cristo se meteu na tua vida e na minha!

25 Se és outro Cristo, se te comportas como filho de Deus, onde estiveres queimarás: Cristo abrasa, não deixa indiferentes os corações.

26 Dói ver que, depois de dois mil anos, há no mundo tão poucos que se chamem cristãos. E que, dos que se chamam cristãos, há tão poucos que vivam a verdadeira doutrina de Jesus Cristo.

Vale a pena jogar a vida inteira!: trabalhar e sofrer, por Amor, para levar avante os desígnios de Deus, para corredimir.

27 Vejo a tua Cruz, meu Jesus, e gozo da tua graça, porque o prêmio do teu Calvário foi para nós o Espírito Santo... E Tu te entregas a mim, cada dia, amoroso – louco! – na Hóstia Santíssima... E me fizeste filho de Deus!, e me deste a tua Mãe.

Não me basta a ação de graças; escapa-me o pensamento: – Senhor, Senhor, tantas almas longe de ti!

Fomenta na tua vida as ânsias de apostolado, para que O conheçam..., e O amem..., e se sintam amados!

28 Algumas vezes – ouviste-me comentar isto com frequência –, fala-se do amor como se fosse um impulso para a auto-satisfação, ou um mero recurso para completar de modo egoísta a própria personalidade.

– E sempre te disse que não é assim: o amor verdadeiro exige que saiamos de nós mesmos, que nos entreguemos. O autêntico amor traz consigo a alegria: uma alegria que tem as raízes em forma de Cruz.

29 Meu Deus, como é possível que eu veja um Crucifixo e não clame de dor e de amor?

30 Pasma-te ante a magnanimidade de Deus: fez-se Homem para nos redimir, para que tu e eu – que não valemos nada, reconhece-o! – O tratemos com confiança.

31 Ó Jesus..., fortalece as nossas almas, aplaina o caminho e, sobretudo, embriaga-nos de Amor! Converte-nos assim em fogueiras vivas, que incendeiem a terra com o fogo divino que Tu trouxeste.

32 Aproximar-se um pouco mais de Deus quer dizer estar disposto a uma nova conversão, a uma nova retificação, a escutar atentamente as suas inspirações – os santos desejos que faz brotar em nossas almas – e a pô-los em prática.

33 De que te envaideces? – Todo o impulso que te move é dEle. Atua em consequência.

34 Que respeito, que veneração, que carinho temos de sentir por uma só alma, ante a realidade de que Deus a ama como coisa sua!

35 Aspiração: oxalá queiramos usar os dias, que o Senhor nos dá, unicamente para agradar-Lhe!

36 Desejo que o teu comportamento seja como o de Pedro e o de João: que consideres na tua oração, para falar com Jesus, as necessidades dos teus amigos, dos teus colegas..., e que depois, com o teu exemplo, possas dizer-lhes: «Respice in nos!» – olhai para mim!

37 Quando se ama muito uma pessoa, deseja-se saber tudo o que lhe diz respeito.
— Medita nisto: tens fome de conhecer Cristo? Porque... é com essa medida que O amas.

38 Mentem – ou estão enganados – os que afirmam que nós, os sacerdotes, estamos sós: estamos mais acompanhados do que ninguém, porque contamos com a contínua companhia do Senhor, com quem temos de manter um trato ininterrupto.
— Somos enamorados do Amor, do Autor do Amor!

39 Vejo-me como um pobre passarinho que, acostumado a voar somente de árvore em árvore ou, quando muito, até à varanda de um terceiro andar..., um dia, na sua vida, se encheu de brios para chegar até o telhado de um modesto prédio, que não era precisamente um arranha-céus...

Mas eis que o nosso pássaro é arrebatado por uma águia – que o tomou erradamente por uma cria da sua raça – e, entre aquelas garras poderosas, o passarinho sobe, sobe muito alto, acima das montanhas da terra e dos cumes nevados, acima das nuvens brancas e azuis e róseas, mais acima ainda, até olhar o sol de frente... E então a águia, soltando o passarinho, diz-lhe: – Anda lá, voa!

– Senhor, que eu não torne a voar colado à terra!, que esteja sempre iluminado pelos raios do divino Sol – Cristo – na Eucaristia!, que o meu voo não se interrompa enquanto não alcançar o descanso do teu Coração!

40 Assim concluía a sua oração aquele nosso amigo: "Amo a Vontade do meu Deus. Por isso, em completo abandono, que Ele me leve como e por onde quiser".

41 Pede ao Pai, ao Filho e ao Espírito Santo, e à tua Mãe, que te façam conhecer-te e chorar por esse montão de coisas sujas que passaram por ti, deixando – ai! – tanto resíduo...

E ao mesmo tempo, sem quereres afastar-te dessa consideração, diz-Lhe: – Dá-me, Jesus, um Amor qual fogueira de purificação, onde a minha pobre carne, o meu pobre coração, a minha pobre alma, o meu pobre corpo se consumam, limpando-se de todas as misérias terrenas... E, já vazio todo o meu eu, enche-o de Ti: que não me apegue a nada daqui de baixo; que sempre me sustente o Amor.

42 Não desejes nada para ti, nem bom nem mau: tens de querer para ti somente o que Deus quiser.

Seja o que for, vindo da sua mão – de Deus –, por ruim que pareça aos olhos dos homens, a ti parecer-te-á bom, e muito bom!, e dirás, com uma convicção sempre maior: «Et in tribulatione mea dilatasti me..., et calix tuus inebrians, quam praeclarus est!» – encontrei alegria na tribulação..., como é maravilhoso o teu cálice, que embriaga todo o meu ser!

43 É preciso oferecer ao Senhor o sacrifício de Abel. Um sacrifício de carne jovem e formosa, o melhor do rebanho: de carne sã e santa; de corações que só tenham um amor: Tu, meu Deus!; de inteligências trabalhadas pelo estudo

profundo, que se renderão perante a tua Sabedoria; de almas de crianças, que só pensarão em agradar-Te.
— Recebe desde agora, Senhor, este sacrifício em odor de suavidade.

44 É preciso saber entregar-se, arder diante de Deus, como essa luz que se coloca no castiçal para iluminar os homens que andam em trevas; como essas lamparinas que se queimam junto do altar e se consomem alumiando até se gastarem.

45 O Senhor — Mestre de Amor — é um amante ciumento que pede tudo o que é nosso, todo o nosso querer. Espera que Lhe ofereçamos o que temos, seguindo o caminho que nos marcou a cada um.

46 Meu Deus, vejo que não te aceitarei como meu Salvador, se não te reconhecer ao mesmo tempo como Modelo.
— Já que quiseste ser pobre, dá-me amor à Santa Pobreza. O meu propósito, com a tua ajuda, é viver e morrer pobre, ainda que tenha milhões à minha disposição.

47 Ficaste muito sério quando te confiei: se é para o Senhor, a mim tudo me parece pouco.

48 Oxalá se possa dizer que a característica que define a tua vida é "amar a Vontade de Deus".

49 Qualquer trabalho, mesmo o mais escondido, mesmo o mais insignificante, oferecido ao Senhor, traz a força da vida de Deus!

50 Tens de sentir a responsabilidade da tua missão: contempla-te o Céu inteiro!

51 Deus espera-te! – Por isso, aí onde estás, tens de comprometer-te a imitá-Lo, a unir-te a Ele, com alegria, com amor, com entusiasmo, ainda que se apresente a circunstância – ou uma situação permanente – de teres de caminhar a contragosto.

Deus espera-te..., e precisa da tua fidelidade!

52 Escrevias: "Eu te ouço clamar, meu Rei, com viva voz, que ainda vibra: «Ignem veni mittere in terram, et quid volo nisi ut accendatur?» – vim trazer fogo à terra, e que quero senão que arda?"

Depois acrescentavas: "Senhor, eu te respondo – eu inteiro – com os meus sentidos e potências: «Ecce ego quia vocasti me!» – aqui me tens porque me chamaste!"

– Que esta tua resposta seja uma realidade quotidiana.

53 Deves ter o comedimento, a fortaleza, o senso de responsabilidade que muitos adquirem com o passar dos anos, com a velhice. Alcançarás tudo isso, sendo jovem, se não perderes o sentido sobrenatural de filho de Deus: porque Ele te dará, mais que aos anciãos, essas condições convenientes para realizares o teu trabalho de apóstolo.

54 Gozas de uma alegria interior e de uma paz que não trocarias por nada. Deus está aqui: não há coisa melhor do que contar-Lhe as penas, para que deixem de ser penas.

55 Como é possível que Cristo venha atuando na terra há tantos anos – vinte séculos –, e o mundo esteja assim?, perguntavas-me. Como é

possível que ainda haja gente que não conhece o Senhor?, insistias.

— E eu te respondi com toda a segurança: — Temos a culpa nós!, que fomos chamados para ser corredentores, e às vezes — talvez muitas! — não correspondemos a essa Vontade de Deus.

56 Humildade de Jesus: por contraste, que vergonha para mim — pó de esterco —, que tantas vezes disfarcei a minha soberba sob um manto de dignidade, de justiça!... — E assim, quantas ocasiões de seguir o Mestre não perdi, ou desaproveitei, por não as ter sobrenaturalizado!

57 Doce Mãe..., leva-nos até uma loucura que faça, dos outros, loucos pelo nosso Cristo.

Maria, doce Senhora: que o Amor não seja em nós falso incêndio de fogos fátuos, produto às vezes de cadáveres decompostos...; que seja verdadeiro incêndio devorador, que ateie e queime tudo quanto toque.

LUTA

58 Escolha divina significa – e exige! – santidade pessoal.

59 Se corresponderes à chamada que o Senhor te fez, a tua vida – a tua pobre vida! – deixará na história da humanidade um sulco profundo e largo, luminoso e fecundo, eterno e divino.

60 Deves sentir cada dia a obrigação de ser santo. – Santo!, que não é fazer coisas esquisitas: é lutar na vida interior e no cumprimento heroico, acabado, do dever.

61 A santidade não consiste em grandes ocupações. – Consiste em lutar para que a tua vida não se apague no terreno sobrenatural; em te deixares queimar até à última fibra, servindo a Deus no último lugar... ou no primeiro: onde o Senhor te chamar.

62 O Senhor não se limitou a dizer-nos que nos ama: demonstrou-nos esse amor com as suas obras, com a vida inteira. – E tu?

63 Se amas o Senhor, tens de notar "necessariamente" o bendito peso das almas, para levá-las a Deus.

64 Para quem quer viver de Amor, com maiúscula, o meio-termo é muito pouco, é mesquinhez, cálculo ruim.

65 Esta é a receita para o teu caminho de cristão: oração, penitência, trabalho sem descanso, com um cumprimento amoroso do dever.

66 Meu Deus, ensina-me a amar! – Meu Deus, ensina-me a orar!

67 Devemos pedir a Deus a fé, a esperança, a caridade – com humildade, com uma oração perseverante, com uma conduta honrada e com costumes limpos.

68 Disseste-me que não sabias como pagar-me o zelo santo que te inundava a alma.
– Apressei-me a responder-te: – Eu não te

dou nenhuma vibração; é o Espírito Santo quem ta concede.

— Ama-O, mantém um trato íntimo com Ele. — Assim O irás amando mais e melhor, e agradecendo-Lhe que seja Ele quem se instala na tua alma, para que tenhas vida interior.

69 Deves lutar por conseguir que o Santo Sacrifício do Altar seja o centro e a raiz da tua vida interior, de modo que todo o teu dia se converta num ato de culto — prolongamento da Missa a que assististe e preparação para a seguinte —, que vai transbordando em jaculatórias, em visitas ao Santíssimo Sacramento, em oferecimento do teu trabalho profissional e da tua vida familiar...

70 Procura dar graças a Jesus na Eucaristia, cantando louvores a Nossa Senhora, a Virgem pura, a sem mancha, aquela que trouxe ao mundo o Senhor.

— E, com audácia de criança, atreve-te a dizer a Jesus: — Meu lindo Amor, bendita seja a Mãe que te trouxe ao mundo!

Com certeza que Lhe agradas, e Ele porá na tua alma ainda mais amor.

71 Conta o Evangelista São Lucas que Jesus estava orando... Como seria a oração de Jesus!

Contempla devagar esta realidade: os discípulos convivem com Jesus e, nas suas conversas, o Senhor ensina-lhes – também com as obras – como devem orar, e o grande portento da misericórdia divina: que somos filhos de Deus e que podemos dirigir-nos a Ele como um filho fala com seu Pai.

72 Ao empreenderes cada jornada para trabalhar junto de Cristo e atender tantas almas que O procuram, convence-te de que não há senão um caminho: recorrer ao Senhor.

– Somente na oração, e com a oração, aprendemos a servir os outros!

73 A oração – lembra-te disto – não consiste em pronunciar discursos bonitos, frases grandiloquentes ou que consolem...

Oração é às vezes um olhar a uma imagem do Senhor ou de sua Mãe; outras, um pedido, com palavras; outras, o oferecimento das boas obras, dos resultados da fidelidade...

Como o soldado que está de guarda, assim temos nós que estar à porta de Deus Nosso Senhor: e isso é oração. Ou como o cachorrinho que se deita aos pés do seu amo.

— Não te importes de Lhe dizer: — Senhor, aqui me tens como um cão fiel; ou melhor, como um jumentinho, que não dará coices a quem lhe quer bem.

74 Todos temos de ser «ipse Christus» — o próprio Cristo. Assim no-lo manda São Paulo em nome de Deus: «Induimini Dominum Iesum Christum» — revesti-vos de Jesus Cristo.

Cada um de nós — tu! — tem de ver como põe essa veste de que nos fala o Apóstolo; cada um, pessoalmente, deve dialogar sem interrupção com o Senhor.

75 A tua oração não pode ficar em meras palavras: deve ter realidades e consequências práticas.

76 Orar é o caminho para atalhar todos os males que sofremos.

77 Dar-te-ei um conselho que não me cansarei de repetir às almas: que ames com loucura a Mãe de Deus, que é Mãe nossa.

78 O heroísmo, a santidade, a audácia, requerem uma constante preparação espiritual. Aos outros, sempre lhes darás somente aquilo que tiveres; e, para lhes dar Deus, tens de cultivar o trato com Ele, viver a sua Vida, servi-Lo.

79 Não deixarei de insistir contigo, para que se grave bem na tua alma: piedade!, piedade!, piedade! Já que, se faltas à caridade, será por escassa vida interior; não por teres mau caráter.

80 Se és bom filho de Deus, do mesmo modo que a criança necessita da presença de seus pais ao levantar-se e ao deitar-se, o teu primeiro e o teu último pensamento de cada dia serão para Ele.

81 Tens de ser constante e exigente nas tuas normas de piedade, também quando estás cansado ou se tornam áridas. Persevera! Esses momentos são como as estacas altas, pintadas de vermelho, que, nas estradas de montanha, quando chega a neve, servem de ponto de referência e indicam – sempre! – onde está o caminho seguro.

82 Esforça-te por corresponder, em cada instante, ao que Deus te pede: deves ter vontade de amá-Lo com obras. – Com obras pequenas, mas sem deixar nem uma.

83 A vida interior se robustece pela luta nas práticas diárias de piedade, que deves cumprir – mais: que deves viver! – amorosamente, porque o nosso caminho de filhos de Deus é de Amor.

84 Procura a Deus no fundo do teu coração limpo, puro; no fundo da tua alma quando Lhe és fiel. E não percas nunca essa intimidade!
 – E, se alguma vez não souberes como falar-Lhe nem o que dizer, ou não te atreveres a buscar Jesus dentro de ti, recorre a Maria, «tota pulchra» – toda pura, maravilhosa –, para confiar-lhe: – Senhora, Mãe nossa, o Senhor quis que fosses tu, com as tuas mãos, quem cuidasse de Deus: ensina-me – ensina-nos a todos – a tratar o teu Filho!

85 Inculcai nas almas o heroísmo de fazer com perfeição as pequenas coisas de cada dia: como se de cada uma dessas ações dependesse a salvação do mundo.

86 Com a tua vida de piedade, aprenderás a praticar as virtudes próprias da tua condição de filho de Deus, de cristão.

– E, juntamente com essas virtudes, adquirirás toda essa gama de valores espirituais, que parecem pequenos e são grandes; pedras preciosas que brilham, que temos de apanhar pelo caminho, para levá-las aos pés do Trono de Deus, a serviço dos homens: a simplicidade, a alegria, a lealdade, a paz, as pequenas renúncias, os serviços que passam despercebidos, o fiel cumprimento do dever, a amabilidade...

87 Não cries para ti mais obrigações do que... a glória de Deus, o seu Amor, o seu Apostolado.

88 O Senhor fez-te ver claramente o teu caminho de cristão no meio do mundo. No entanto, asseguras-me que muitas vezes consideraste, com inveja – disseste-me que no fundo era comodismo –, a felicidade de ser um desconhecido, trabalhando, ignorado de todos, no último canto... Deus e tu!

– Agora, à parte a ideia de missionar no Japão, vem-te à cabeça o pensamento dessa vida oculta e sofrida... Mas se, ao ficares livre de outras santas obrigações naturais, tratasses de "esconder-te" numa instituição religiosa qualquer, sem ser essa a tua vocação, não serias feliz. – Faltar-te-ia a paz, porque terias feito a tua vontade, não a de Deus.

– A tua "vocação", nesse caso, teria outro nome: defecção, produto não de divina inspiração, mas do puro medo humano à luta que se avizinha. E isso... não!

89 Contra a vida limpa, a pureza santa, levanta-se uma grande dificuldade a que todos estamos expostos: o perigo do aburguesamento, na vida espiritual ou na vida profissional; o perigo – também para os chamados por Deus ao matrimônio – de nos sentirmos solteirões, egoístas, pessoas sem amor.

– Tens de lutar na raiz contra esse risco, sem concessões de nenhum gênero.

90 Para venceres a sensualidade – porque carregaremos sempre às costas este burriquinho que é o nosso corpo –, tens de viver generosamente, diariamente, as pequenas mortificações – e, em algumas ocasiões, as grandes –; e tens de manter-te na presença de Deus, que nunca deixa de olhar-te.

91 A tua castidade não pode limitar-se a evitar a queda, a ocasião... Não pode ser de maneira nenhuma uma negação fria e matemática.

– Já percebeste que a castidade é uma virtude e que, como tal, deve crescer e aperfeiçoar-se?

– Não te basta, pois, ser continente – segundo o teu estado de vida –, mas casto, com virtude heroica.

92 O «bonus odor Christi» – o bom odor de Cristo – é também o da nossa vida limpa, o da castidade – cada um no seu estado de vida, repito –, o da santa pureza, que é afirmação gozosa: algo inteiriço e delicado ao mesmo tempo, fino, que evita até manifestações de palavras inconvenientes, porque não podem agradar a Deus.

93 Acostuma-te a dar graças antecipadas aos Anjos da Guarda..., para obrigá-los mais.

94 A todo o cristão deveria poder aplicar-se a expressão que se usou nos primeiros tempos: "portador de Deus".

– Deves atuar de tal modo que possam atribuir-te "com verdade" esse admirável qualificativo.

95 Considera o que aconteceria se nós, os cristãos, não quiséssemos viver como tais... E retifica a tua conduta!

96 Contempla o Senhor por trás de cada acontecimento, de cada circunstância, e assim saberás extrair de tudo o que sucede mais amor de Deus, e mais desejos de correspondência, porque Ele nos espera sempre, e nos oferece a possibilidade de cumprirmos continuamente esse propósito que fizemos: "Serviam!", eu Te servirei!

97 Renova em cada dia o desejo eficaz de aniquilar-te, de abnegar-te, de esquecer-te de ti mesmo, de caminhar «in novitate sensus», com uma vida nova, trocando esta nossa miséria por toda a grandeza oculta e eterna de Deus.

98 Senhor! Concede-me que eu seja tão teu que não entrem em meu coração nem sequer os afetos mais santos, se não for através do teu Coração chagado.

99 Procura ser delicado, pessoa de boas maneiras. Não sejas grosseiro!

— Delicado sempre, o que não quer dizer amaneirado.

100 A caridade tudo alcança. Sem caridade, nada se pode fazer.

Amor!, portanto; é o segredo da tua vida... Ama! Sofre com alegria. Fortalece a tua alma. Viriliza a tua vontade. Assegura a tua entrega ao querer de Deus e, com isso, virá a eficácia.

101 Sê simples e piedoso como uma criança, e rijo e forte como um líder.

102 A paz, que traz consigo a alegria, o mundo não a pode dar.

— Os homens estão sempre fazendo pazes, e andam sempre enredados em guerras, porque esqueceram o conselho de lutar por dentro, de recorrer ao auxílio de Deus, para que Ele vença, e assim consigam a paz no seu próprio eu, no seu próprio lar, na sociedade e no mundo.

— Se nos comportarmos deste modo, a alegria será tua e minha, porque é propriedade dos que vencem. E com a graça de Deus — que não perde batalhas – chamar-nos-emos vencedores, se formos humildes.

103   A tua vida, o teu trabalho, não deve ser um labor negativo, não deve ser "anti-nada". É – deve ser! – afirmação, otimismo, juventude, alegria e paz.

104   Há dois pontos capitais na vida dos povos: as leis sobre o matrimônio e as leis sobre o ensino. E aí os filhos de Deus têm de permanecer firmes, lutar bem e com nobreza, por amor a todas as criaturas.

105   A alegria é um bem cristão, que possuímos enquanto lutamos, porque é consequência da paz. A paz é fruto de se ter vencido a guerra, e a vida do homem sobre a terra – lemos na Escritura Santa – é luta.

106   A nossa guerra divina é uma maravilhosa semeadura de paz.

107   Aquele que deixa de lutar causa um mal à Igreja, ao seu empreendimento sobrenatural, aos seus irmãos, a todas as almas.
— Examina-te: não podes pôr mais vibração

de amor a Deus na tua luta espiritual? — Eu rezo por ti... e por todos. Faz tu o mesmo.

108 Jesus, se há em mim alguma coisa que te desagrade, dize-o, para que a arranquemos.

109 Há um inimigo da vida interior, pequeno, bobo; mas muito eficaz, infelizmente: o pouco empenho no exame de consciência.

110 Na ascética cristã, o exame de consciência corresponde a uma necessidade de amor, de sensibilidade.

111 Se alguma coisa não estiver de acordo com o espírito de Deus, deixa-a imediatamente!
Pensa nos Apóstolos: não valiam nada, mas no nome do Senhor faziam milagres. Somente Judas, que talvez também tivesse feito milagres, se extraviou, por se ter afastado voluntariamente de Cristo, por não ter cortado, violenta e valentemente, com o que não estava de acordo com o espírito de Deus.

112 Meu Deus, quando é que me vou converter?

113 Não esperes pela velhice para ser santo: seria um grande equívoco!

– Começa agora, seriamente, gozosamente, alegremente, através das tuas obrigações, do teu trabalho, da vida quotidiana...

Não esperes pela velhice para ser santo, porque, além de ser um grande equívoco – insisto –, não sabes se chegará para ti.

114 Suplica ao Senhor que te conceda toda a sensibilidade necessária para perceberes a maldade do pecado venial; para o considerares como autêntico e radical inimigo da tua alma; e para o evitares com a graça de Deus.

115 Com serenidade, sem escrúpulos, tens de pensar na tua vida, e pedir perdão, e fazer o propósito firme, concreto e bem determinado de melhorar neste ponto e naquele outro: nesse detalhe que te custa, e naquele que habitualmente não cumpres como deves, e o sabes.

116 Enche-te de bons desejos, que é uma coisa santa, e que Deus louva. Mas não fiques nisso! Tens de ser alma – homem, mulher – de realidades. Para levares a cabo esses bons de-

sejos, tens de formular propósitos claros, precisos.

– E depois, meu filho, toca a lutar, para os pôr em prática com a ajuda de Deus!

117 Como hei de fazer para que o meu amor ao Senhor continue, para que aumente? – perguntas-me com ardor.

– Filho, ir deixando o homem velho, também com a entrega prazerosa daquelas coisas, boas em si mesmas, que, no entanto, impedem o desprendimento do teu eu... É dizer ao Senhor, com obras e continuamente: "Aqui me tens, para o que quiseres".

118 Santo! O filho de Deus deverá exagerar na virtude, se é que nisto é possível o exagero..., porque os outros hão de contemplar-se nele, como num espelho, e só apontando muito alto é que chegarão ao ponto médio.

119 Não te cause vergonha descobrir que tens no coração o «fomes peccati» – a inclinação para o mal –, que te acompanhará enquanto viveres, porque ninguém está livre dessa carga.

Não te envergonhes, porque o Senhor, que

é onipotente e misericordioso, nos deu todos os meios idôneos para superar essa inclinação: os Sacramentos, a vida de piedade, o trabalho santificado.

— Emprega-os com perseverança, disposto a começar e recomeçar, sem desânimo.

120   Senhor, livra-me de mim mesmo!

121   O apóstolo sem oração habitual e metódica cai necessariamente na tibieza..., e deixa de ser apóstolo.

122   Senhor, que a partir de agora eu seja outro: que não seja "eu", mas "aquele" que Tu desejas.

— Que não te negue nada do que me peças. Que saiba orar. Que saiba sofrer. Que nada me preocupe, a não ser a tua glória. Que sinta a tua presença continuamente.

— Que ame o Pai. Que te deseje a ti, meu Jesus, numa permanente Comunhão. Que o Espírito Santo me inflame.

123   «Meus es tu» — tu és meu. Foi o que o Senhor te manifestou.

— Que esse Deus, que é toda a formosura e

toda a sabedoria, toda a grandeza e toda a bondade, te diga a ti que és seu!..., e que tu não Lhe saibas corresponder!

124 Não te podes surpreender se sentes, na tua vida, aquele peso de que falava São Paulo: "Vejo que há outra lei nos meus membros que é contrária à lei do meu espírito".

— Lembra-te nessa altura de que és de Cristo, e vai ter com a Mãe de Deus, que é tua Mãe: eles não te abandonarão.

125 Tens de receber os conselhos que te derem na direção espiritual como se viessem do próprio Jesus Cristo.

126 Pediste-me uma sugestão para venceres nas tuas batalhas diárias, e eu te respondi: — Ao abrires a tua alma, conta em primeiro lugar o que não quererias que se soubesse. Assim o diabo sai sempre vencido.

— Abre a tua alma com clareza e simplicidade, de par em par, para que entre — até o último recanto — o sol do Amor de Deus!

127 Se o demônio mudo — de que nos fala o Evangelho — se mete na tua alma, põe tudo a perder. Mas se é expulso imediatamente, tudo corre bem, caminha-se feliz, tudo anda.

— Propósito firme: "sinceridade selvagem" na direção espiritual, unida a uma delicada educação... E que essa sinceridade seja imediata.

128 Deves amar e procurar a ajuda de quem orienta a tua alma. Na direção espiritual, põe a nu o teu coração, por inteiro – podre, se estiver podre! –, com sinceridade, com ânsias de curar-te; senão, essa podridão não desaparecerá nunca.

Se recorres a uma pessoa que só pode limpar a ferida superficialmente..., és um covarde, porque no fundo vais ocultar a verdade, com prejuízo para ti próprio.

129 Nunca tenhas medo de dizer a verdade, sem esquecer que algumas vezes é melhor calar-se, por caridade para com o próximo. Mas nunca te cales por desleixo, por comodismo ou por covardia.

130 O mundo vive da mentira. E há vinte séculos que a Verdade veio aos homens.

— É preciso dizer a verdade!, e é isso o que

nós, os filhos de Deus, temos de propor-nos. Quando os homens se acostumarem a proclamá-la e a ouvi-la, haverá mais compreensão nesta nossa terra.

131 Seria uma falsa caridade, diabólica, mentirosa caridade, ceder em questões de fé. «Fortes in fide» – fortes na fé, firmes, como exige São Pedro.

– Não é fanatismo, mas simplesmente viver a fé: não significa desamor para com ninguém. Cedemos em tudo o que é acidental, mas na fé não é possível ceder: não podemos dar o azeite das nossas lâmpadas, porque depois vem o Esposo e as encontra apagadas.

132 Humildade e obediência são condições indispensáveis para recebermos a boa doutrina.

133 Tens de acolher a palavra do Papa com uma adesão religiosa, humilde, interna e eficaz: serve-lhe de eco!

134 Ama, venera, reza, mortifica-te – cada dia com mais carinho – pelo Romano Pontífice, pedra basilar da Igreja, que prolonga entre to-

dos os homens, ao longo dos séculos e até o fim dos tempos, a tarefa de santificação e de governo que Jesus confiou a Pedro.

135 O teu maior amor, a tua maior estima, a tua mais profunda veneração, a tua obediência mais rendida, o teu maior afeto hão de ser também para o Vice-Cristo na terra, para o Papa.

Nós, os católicos, temos de pensar que, depois de Deus e da nossa Mãe a Virgem Santíssima, na hierarquia do amor e da autoridade, vem o Santo Padre.

136 Que a consideração diária do duro fardo que pesa sobre o Papa e sobre os bispos, te inste a venerá-los e a estimá-los com verdadeiro afeto, a ajudá-los com a tua oração.

137 Deves tornar o teu amor pela Santíssima Virgem mais vivo, mais sobrenatural.

– Não vás a Santa Maria só para pedir. Vai também para dar!: dar-lhe afeto, dar-lhe amor para o seu Filho divino, e para manifestar-lhe esse carinho com obras de serviço no trato com os outros, que são também seus filhos.

138 Jesus é o modelo: imitemo-Lo!
— Imitemo-Lo servindo a Igreja Santa e todas as almas.

139 Ao contemplares a cena da Encarnação, reforça na tua alma a decisão da "humildade prática". Olha que Ele se abaixou, assumindo a nossa pobre natureza.
— Por isso, em cada dia, tens de reagir imediatamente!, com a graça de Deus, aceitando — querendo — as humilhações que o Senhor te deparar.

140 Vive a vida cristã com naturalidade! Insisto: dá a conhecer Cristo na tua conduta, tal como um espelho normal reproduz a imagem sem deformá-la, sem fazer caricatura. — Se fores normal, como esse espelho, refletirás a vida de Cristo, e a mostrarás aos outros.

141 Se és fátuo, se te preocupas unicamente com a tua comodidade pessoal, se centras a existência dos outros e até a do mundo em ti mesmo, não tens o direito de chamar-te cristão, nem de considerar-te discípulo de Cristo: porque Ele fixou, como limite da exigência pessoal, que se ofereça por cada um «et animam suam», a própria alma, a vida inteira.

142 Procura que a "humildade de entendimento" seja, para ti, um axioma.

Pensa nisso devagar e... não é verdade que não se compreende como possa haver "soberbos de entendimento"? Bem o explicava aquele santo doutor da Igreja: "É uma desordem detestável que, vendo a Deus feito criança, o homem queira continuar a parecer grande sobre a terra".

143 Sempre que tenhas alguém ao teu lado – seja quem for –, procura, sem fazer coisas estranhas, o modo de contagiar-lhe a tua alegria de ser e de viver como filho de Deus.

144 Grande e bela é a missão de servir que o Divino Mestre nos confiou.

– Por isso, este bom espírito – de grande senhor! – compagina-se perfeitamente com o amor pela liberdade que deve impregnar o trabalho dos cristãos.

145 Tu não podes tratar ninguém com falta de misericórdia; e, se te parecer que determina-

da pessoa não é digna dessa misericórdia, tens de pensar que tu também não mereces nada.

– Não mereces ter sido criado, nem ser cristão, nem ser filho de Deus, nem pertencer à tua família...

146 Não descures a prática da correção fraterna, manifestação clara da virtude sobrenatural da caridade. Custa; é mais cômodo eximir-se; mais cômodo!, mas não é sobrenatural.

– E dessas omissões terás de prestar contas a Deus.

147 A correção fraterna, sempre que devas fazê-la, há de estar cheia de delicadeza – de caridade! – na forma e no fundo, pois nesse momento és instrumento de Deus.

148 Se souberes amar os outros e difundires entre todos esse carinho – caridade de Cristo, fina, delicada –, apoiar-vos-eis uns aos outros; e aquele que estiver para cair sentir-se-á sustentado – e urgido – por essa fortaleza fraterna, para ser fiel a Deus.

149 Fomenta o teu espírito de mortificação nos detalhes de caridade, com ânsias de tornar amável a todos o caminho de santidade no meio do mundo: às vezes, um sorriso pode ser a melhor manifestação do espírito de penitência.

150   Oxalá saibas – todos os dias e com generosidade – sacrificar-te alegre e discretamente para servir e para tornar agradável a vida aos outros.
— Este modo de proceder é verdadeira caridade de Cristo.

151   Tens de procurar que, estejas onde estiveres, haja esse "bom humor" – essa alegria – que é fruto da vida interior.

152   Cuida de praticar uma mortificação muito interessante: que as tuas conversas não girem à volta de ti mesmo.

153   Um bom modo de fazer exame de consciência:
— Recebi como expiação, neste dia, as contrariedades vindas da mão de Deus?; as que me proporcionaram, com o seu caráter, os meus colegas?; as da minha própria miséria?
— Soube oferecer ao Senhor, como expiação, a própria dor que sinto de tê-Lo ofendi-

do, tantas vezes!? Ofereci-Lhe a vergonha dos meus rubores e humilhações interiores, ao considerar como avanço pouco no caminho das virtudes?

154 Mortificações habituais, costumeiras: sim! Mas não sejas monomaníaco.
— Não devem consistir necessariamente nas mesmas: o que deve ser constante, habitual, costumeiro — sem acostumamento — é o espírito de mortificação.

155 Tu queres pôr os pés sobre as pegadas de Cristo, vestir-te com as suas vestes, identificar-te com Jesus. Pois bem, que a tua fé seja operativa e sacrificada, com obras de serviço, lançando fora o que estorva.

156 A santidade tem a flexibilidade dos músculos soltos. Quem quer ser santo sabe comportar-se de tal maneira que, ao mesmo tempo que faz uma coisa que o mortifica, omite — se não é ofensa a Deus — outra que também lhe custa, e dá graças ao Senhor por essa comodidade. Se nós, os cristãos, atuássemos de outro modo, correríamos o risco de tornar-nos rígidos, sem vida, como uma boneca de trapos.

A santidade não tem a rigidez do cartão: sabe sorrir, ceder, esperar. É vida: vida sobrenatural.

157 Não me abandones, Mãe! Faz com que eu procure o teu Filho; faz com que encontre o teu Filho; faz com que ame o teu Filho... com todo o meu ser! – Lembra-te, Senhora, lembra-te.

DERROTA

158 Quando temos a vista turvada, quando os olhos perdem claridade, precisamos ir à luz. E Jesus disse-nos que Ele é a luz do mundo e que veio curar os enfermos.

– Por isso, que as tuas enfermidades, as tuas quedas – se o Senhor as permite –, não te afastem de Cristo: que te aproximem dEle!

159 Queixava-me a um amigo de que, devido à minha miséria, parecia que Jesus estava de passagem... e me deixava sozinho.

Reagi imediatamente com dor, cheio de confiança: – Não é assim, meu Amor; fui eu, sem dúvida, quem se afastou de Ti. Nunca mais!

160 Tens de suplicar ao Senhor a sua graça, para te purificares com Amor... e com a penitência constante.

DERROTA

161 Dirige-te a Nossa Senhora e pede-lhe que te faça a dádiva – prova do seu carinho por ti – da contrição, da compunção pelos teus pecados, e pelos pecados de todos os homens e mulheres de todos os tempos, com dor de Amor.

E, com essa disposição, atreve-te a acrescentar: – Mãe, Vida, Esperança minha, guia-me com a tua mão..., e se há agora em mim alguma coisa que desagrade a meu Pai-Deus, concede-me que o perceba e que, os dois juntos, a arranquemos.

Continua sem medo: – Ó clementíssima, ó piedosa, ó doce Virgem Santa Maria!, roga por mim, para que, cumprindo a amabilíssima Vontade do teu Filho, seja digno de alcançar e gozar das promessas do nosso Senhor Jesus.

162 Minha Mãe do Céu: faz que eu volte ao fervor, à entrega, à abnegação – numa palavra, ao Amor.

163 Não sejas comodista! Não esperes pelo Ano Novo para tomar resoluções: todos os dias são bons para as decisões boas. «Hodie, nunc!» – Hoje, agora!

Costumam ser uns pobres derrotistas aqueles que esperam pelo Ano Novo para começar, porque, além disso, depois... não começam!

164 De acordo, agiste mal por fraqueza. — Mas não entendo como não reages com clara consciência: não podes fazer coisas más e depois dizer — ou pensar — que são santas ou que não têm importância.

165 Lembra-te sempre disto: as potências espirituais nutrem-se daquilo que os sentidos lhes proporcionam. — Guarda-os bem!

166 Perdes a paz — e bem o sabes! — quando consentes em pontos que trazem consigo o descaminho.
— Decide-te a ser coerente e responsável!

167 A recordação, inapagável, dos favores recebidos de Deus deve ser sempre impulso vigoroso; e muito mais na hora da tribulação.

168 Há uma única doença mortal, um único erro funesto: conformar-se com a derrota, não saber lutar com espírito de filhos de Deus. Se falta esse esforço pessoal, a alma fica paralisada e jaz sozinha, incapaz de dar fruto...
— Com essa covardia, a criatura obriga o

Senhor a pronunciar as palavras que Ele ouviu do paralítico, na piscina probática: «Hominem non habeo!» – não tenho homem!
— Que vergonha se Jesus não encontrasse em ti o homem, a mulher, que espera!

169 A luta ascética não é algo de negativo nem, portanto, odioso, mas afirmação alegre. É um esporte.

O bom esportista não luta para alcançar uma só vitória, e à primeira tentativa. Prepara-se, treina durante muito tempo, com confiança e serenidade: tenta uma vez e outra, e, ainda que a princípio não triunfe, insiste tenazmente, até ultrapassar o obstáculo.

170 Tudo espero de Ti, meu Jesus: converte-me!

171 Quando aquele sacerdote, nosso amigo, assinava "o pecador", fazia-o convencido de escrever a verdade.
— Meu Deus, purifica-me também a mim!

172 Se cometeste um erro, pequeno ou grande, volta correndo para Deus!
— Saboreia as palavras do salmo: «Cor con-

tritum et humiliatum, Deus, non despicies» – o Senhor jamais desprezará nem se desinteressará de um coração contrito e humilhado.

173 Tens que dar voltas, na tua cabeça e na tua alma, a este pensamento: – Senhor, quantas vezes, caído, me levantaste e, perdoado, me abraçaste contra o teu Coração!

Dá voltas a isso..., e não te separes dEle nunca jamais.

174 Vês-te como um pobrezinho a quem o seu amo tirou a libré – somente pecador! –, e entendes a nudez experimentada pelos nossos primeiros pais.

– Deverias estar sempre chorando. E muito choraste, muito sofreste. No entanto, és muito feliz. Não te trocarias por ninguém. Há muitos anos que não perdes o teu «gaudium cum pace» – a tua alegria serena. Estás agradecido a Deus por ela, e quererias levar a todos o segredo da felicidade.

– Sim. Compreende-se que tenham dito muitas vezes – embora nada te importe o "que vão dizer" – que és "homem de paz".

175 Alguns fazem apenas o que está ao alcance de umas pobres criaturas, e perdem o tempo. Repete-se ao pé da letra a experiência de Pedro: «Praeceptor, per totam noctem laborantes nihil cepimus!» – Mestre, trabalhamos toda a noite, e não pescamos nada.

Se trabalham por conta própria, sem unidade com a Igreja, sem a Igreja, que eficácia terá esse apostolado? Nenhuma!

– Têm de persuadir-se de que, por conta própria!, nada poderão. Tu tens de ajudá-los a continuar escutando o relato evangélico: «In verbo autem tuo laxabo rete» – fiado na tua palavra, lançarei a rede. Então a pesca será abundante e eficaz.

– Como é bonito retificar quando, por qualquer razão, se fez um apostolado por conta própria!

176 Escreves, e copio: "«Domine, tu scis quia amo te!» – Senhor, Tu sabes que eu te amo! Quantas vezes, Jesus, repito e volto a repetir, como uma ladainha agridoce, essas palavras do teu Cefas*: porque sei que te amo, mas

---

(*) São Pedro (N. do T.).

estou tão pouco seguro de mim!, que não me atrevo a dizer-te isso claramente. Há tantas negações na minha vida perversa! «Tu scis, Domine!» – Tu sabes que te amo! – Que as minhas obras, Jesus, nunca desmintam estes impulsos do meu coração".

— Insiste nesta tua oração, que com certeza Ele ouvirá.

177 Repete confiadamente: — Senhor, se as minhas lágrimas tivessem sido contrição!...

— Pede-Lhe com humildade que te conceda a dor que desejas.

178 Quanta vilania na minha conduta, e quanta infidelidade à graça!

— Minha Mãe, Refúgio dos pecadores, roga por mim; que eu nunca mais estorve a obra de Deus na minha alma.

179 Tão perto de Cristo, tantos anos, e... tão pecador!

— A intimidade de Jesus contigo não te arranca soluços?

180 Não me falta a verdadeira alegria, pelo contrário... E, contudo, perante o conhecimento da minha baixeza, é lógico que clame com São Paulo: "Infeliz de mim!"

— Assim crescem as ânsias de arrancar pela raiz a barreira que levanta o eu.

181 Não te assustes nem desanimes ao descobrir que tens erros..., e que erros!

— Luta por arrancá-los. E, desde que lutes, convence-te de que é bom que sintas todas essas fraquezas, porque, de outro modo, serias um soberbo: e a soberba afasta de Deus.

182 Pasma-te diante da bondade de Deus, porque Cristo quer viver em ti..., também quando percebes todo o peso da tua pobre miséria, desta pobre carne, desta vileza, deste pobre barro.

— Sim, também então, tem presente essa chamada de Deus: Jesus Cristo, que é Deus, que é Homem, entende-me e atende-me, porque é meu Irmão e meu Amigo.

183 Vives contente, muito feliz, ainda que em algumas ocasiões notes a mordida da tristeza, e até apalpes quase habitualmente um sedimento real de pesadume.

— Essa alegria e essa aflição podem coexistir, cada uma no seu "homem": aquela, no novo; a outra, no velho.

184 A humildade nasce como fruto de conhecermos a Deus e de nos conhecermos a nós mesmos.

185 Senhor, peço-te um presente: Amor..., um Amor que me deixe limpo. – E outro presente ainda: conhecimento próprio, para me encher de humildade.

186 São santos os que lutam até o fim da vida: os que sempre sabem levantar-se depois de cada tropeço, de cada queda, para prosseguir valentemente o caminho com humildade, com amor, com esperança.

187 Se os teus erros te fazem mais humilde, se te levam a procurar com mais força o esteio da mão divina, são caminho de santidade: "Felix culpa!"* – bendita culpa!, canta a Igreja.

(*) Palavras da liturgia da Vigília pascal em que a Igreja, cantando o triunfo de Cristo ressuscitado, evoca o pecado dos nossos primeiros pais e exclama: "Ó feliz culpa, que mereceu a graça de um tão grande Redentor!" (N. do T.).

188 A oração – mesmo a minha! – é onipotente.

189 A humildade leva cada alma a não desanimar perante os seus erros.
— A verdadeira humildade leva... a pedir perdão!

190 Se eu fosse leproso, a minha mãe me abraçaria. Sem medo nem reparo algum, beijar-me-ia as chagas.
— Pois bem, e a Virgem Santíssima? Ao sentir que temos lepra, que estamos chagados, temos de gritar: Mãe! E a proteção da nossa Mãe é como um beijo nas feridas, que nos obtém a cura.

191 No sacramento da Penitência, Jesus perdoa-nos.
— São-nos aplicados aí os méritos de Cristo, que por amor de nós está na Cruz, com os braços estendidos e costurado ao madeiro – mais do que com os ferros – com o Amor que nos tem.

192 Se alguma vez cais, filho, recorre prontamente à Confissão e à direção espiritual: mostra a ferida!, para que te curem a fundo, para que te tirem todas as possibilidades de infecção, mesmo que te doa como numa operação cirúrgica.

193 A sinceridade é indispensável para progredir na união com Deus.

— Se dentro de ti, meu filho, há um "sapo", solta-o! Diz primeiro, como te aconselho sempre, o que não quererias que se soubesse. Depois que se soltou o "sapo" na Confissão, que bem se está!

194 «Nam, et si ambulavero in medio umbrae mortis, non timebo mala» – mesmo que ande por entre as sombras da morte, não terei temor algum. Nem as minhas misérias nem as tentações do inimigo hão de preocupar-me, «quoniam tu mecum es» – porque o Senhor está comigo.

195 Ao considerar agora mesmo as minhas misérias, Jesus, eu te disse: — Deixa-te enganar pelo teu filho, como esses pais bons, hiper-pais, que põem nas mãos do seu menino o presente que dele querem receber..., porque sabem muito bem que as crianças nada têm.

— E que alvoroço o do pai e o do filho, mesmo que os dois estejam por dentro do segredo!

196 Jesus, Amor, pensar que posso voltar a ofender-te!... «Tuus sum ego..., salvum me fac!» – sou teu: salva-me!

197 Tu, que te vês tão falto de virtudes, de talento, de condições..., não tens ânsias de clamar como Bartimeu, o cego: – Jesus, filho de Davi, tem compaixão de mim!?
— Que bela jaculatória, para que a repitas muitas vezes: – Senhor, tem compaixão de mim!
— Ele te ouvirá e te atenderá.

198 Alimenta na tua alma a ânsia de reparação, para conseguires cada dia uma contrição maior.

199 Se fores fiel, poderás chamar-te vencedor.
— Na tua vida, mesmo que percas alguns combates, não conhecerás derrotas. Não existem fracassos – convence-te –, se atuas com intenção reta e com ânsias de cumprir a Vontade de Deus.

▷

— Então, com êxito ou sem êxito, triunfarás sempre, porque terás trabalhado com Amor.

200 Tenho a certeza de que Ele acolheu a tua súplica humilde e ardente: – Ó meu Deus!, não me importa o "que vão dizer": perdão pela minha vida infame; que eu seja santo!... Mas só para Ti.

201 Na vida do cristão, "tudo" tem que ser para Deus: também as fraquezas pessoais – retificadas! –, que o Senhor compreende e perdoa.

202 Que foi que te fiz, Jesus, para que me queiras assim? Ofender-te... e amar-te.
— Amar-te: é a isto que vai reduzir-se a minha vida.

203 Todas essas consolações do Amo, não serão para que eu esteja pendente dEle, servindo-O nas coisas pequenas, e assim possa servi-Lo nas grandes?
— Propósito: dar gosto ao bom Jesus nos detalhes minúsculos da vida quotidiana.

DERROTA

204 É preciso amar a Deus, porque o coração foi feito para amar. Por isso, se não o pomos em Deus, na Virgem, nossa Mãe, nas almas..., com um afeto limpo, o coração vinga-se... e converte-se em um ninho de vermes.

205 Diz ao Senhor, com todas as veras da tua alma: – Apesar de todas as minhas misérias, estou louco de Amor!, estou bêbado de Amor!

206 Doído de tanta queda, daqui em diante – com a ajuda de Deus – estarei sempre na Cruz.

207 O que a carne perdeu, que o pague a carne: faz penitência generosa.

208 Invoca o Senhor, suplicando-Lhe o espírito de penitência próprio daquele que todos os dias sabe vencer-se, oferecendo-Lhe caladamente e com abnegação esse vencimento constante.

209 Repete na tua oração pessoal, quando sentires a fraqueza da carne: – Senhor, Cruz para este meu pobre corpo, que se cansa e se revolta!

210 Que boa razão a daquele sacerdote, quando pregava assim: "Jesus perdoou-me toda a multidão dos meus pecados – quanta generosidade! –, apesar da minha ingratidão. E, se a Maria Madalena foram perdoados muitos pecados, porque muito amou, a mim, a quem foi perdoado muito mais, que grande dívida de amor me fica!"

Jesus, até à loucura e ao heroísmo! Com a tua graça, Senhor, ainda que seja preciso morrer por ti, já não te abandonarei.

211 Lázaro ressuscitou porque ouviu a voz de Deus; e imediatamente quis sair daquele estado. Se não tivesse "querido" mexer-se, teria morrido de novo.

Propósito sincero: ter sempre fé em Deus; ter sempre esperança em Deus; amar sempre a Deus..., que nunca nos abandona, ainda que estejamos apodrecidos como Lázaro.

212 Admira este paradoxo amável da condição de cristão: a nossa própria miséria é a que nos leva a refugiar-nos em Deus, a "endeusar-nos", e com Ele podemos tudo.

DERROTA

213 Quando tiveres caído, ou te encontrares oprimido pelo fardo das tuas misérias, repete com segura esperança: – Senhor, olha que estou doente; Senhor, Tu, que por amor morreste na Cruz por mim, vem curar-me.

Confia, insisto: persevera em bater à porta do seu Coração amantíssimo. Como aos leprosos do Evangelho, Ele te dará a saúde.

214 Deves encher-te de confiança e ter um grande desejo, cada dia mais profundo, de nunca fugir dEle.

215 Virgem Imaculada, Mãe!, não me abandones: olha como se enche de lágrimas o meu pobre coração. – Não quero ofender o meu Deus!

Já sei – e penso que não o esquecerei nunca – que não valho nada: quanto me pesa a minha pouquidão, a minha solidão! Mas... não estou só: tu, Doce Senhora, e o meu Pai-Deus não me largais.

Ante a rebelião da minha carne e ante as razões diabólicas contra a minha Fé, amo Jesus e creio: Amo e Creio.

PESSIMISMO

216 Com a graça de Deus, tens de acometer e realizar o impossível..., porque o possível o faz qualquer um.

217 Rejeita o teu pessimismo e não consintas pessimistas ao teu lado. – É preciso servir a Deus com alegria e descontração.

218 Afasta de ti essa prudência humana que te faz tão precavido – perdoa-me! –, tão covarde.

– Não sejamos pessoas de bitola estreita, homens ou mulheres menores de idade, de vistas curtas, sem horizonte sobrenatural...! Por acaso trabalhamos para nós? Não!

Pois então, digamos sem medo: – Jesus da minha alma, nós trabalhamos para Ti, e Tu...

vais negar-nos os meios materiais? Bem sabes como somos ruins; não obstante, eu não me comportaria assim com um criado que me servisse...

Por isso esperamos, estamos certos de que nos darás o necessário para servir-Te.

219 Ato de fé: contra Ele, nada se pode! Nem contra os seus!
— Não o esqueças.

220 Não desanimes. Para a frente!, para a frente com uma teimosia que é santa e que se chama, no terreno espiritual, perseverança.

221 Meu Deus: sempre acodes às necessidades verdadeiras.

222 Não pioraste. — É que agora tens mais luzes para te conheceres: evita até o menor assomo de desânimo!

223 No caminho da santificação pessoal, podemos às vezes ter a impressão de que, ao invés de avançar, retrocedemos; de que, ao invés de melhorar, pioramos.

Enquanto houver luta interior, esse pensamento pessimista será apenas uma ilusão, um engano, que convém repelir.

— Persevera tranquilo: se lutas com tenacidade, progrides no teu caminho e te santificas.

224 Secura interior não é tibieza. No homem tíbio, a água da graça não impregna, resvala... Pelo contrário, há terras de sequeiro aparentemente áridas que, com poucas gotas de chuva, se cumulam a seu tempo de flores e de saborosos frutos.

Por isso — quando nos convenceremos? —, como é importante a docilidade às chamadas divinas de cada instante! Porque Deus nos espera precisamente aí!

225 Deves ter esperteza santa: não fiques à espera de que o Senhor te envie contrariedades; adianta-te tu, mediante a expiação voluntária. — E então não as acolherás com resignação — que é palavra velha —, mas com Amor: palavra eternamente jovem.

226 Hoje, pela primeira vez, tiveste a sensação de que tudo se tornava mais simples, de que tudo se "descomplicava" para ti: viste finalmente eliminados problemas que te preocupavam. E compreendeste que estariam mais e melhor resolvidos quanto mais te abandonasses nos braços de teu Pai-Deus.

Que estás esperando para te comportares sempre – este há de ser o motivo do teu viver! – como um filho de Deus?

227 Dirige-te à Virgem Maria – Mãe, Filha, Esposa de Deus, Mãe nossa –, e pede-lhe que te obtenha da Trindade Santíssima mais graças: a graça da fé, da esperança, do amor, da contrição, para que, quando na vida parecer que sopra um vento forte, seco, capaz de estiolar essas flores da alma, não estiole as tuas..., nem as dos teus irmãos.

228 Enche-te de fé, de segurança! – Assim no-lo diz o Senhor por boca de Jeremias: «Orabitis me, et ego exaudiam vos»: sempre que recorrerdes a Mim – sempre que fizerdes oração! –, Eu vos escutarei.

229 Tudo refiro a ti, meu Deus. Sem ti – que és meu Pai –, que seria de mim?

230 Deixa que te dê um conselho de alma experimentada: a tua oração – a tua vida há de ser orar sempre – deve ter a confiança da "oração de uma criança".

231 Apresentam a Jesus um enfermo, e Ele olha-o. – Deves contemplar bem a cena e meditar as suas palavras: «Confide, fili» – tem confiança, filho.

Isso é o que te diz o Senhor, quando sentes o peso dos erros: fé! A fé, em primeiro lugar; depois, deixar-se guiar como o paralítico: obediência interior e submissa!

232 Filho, pelas tuas próprias forças, não podes nada no terreno sobrenatural. Mas, se fores instrumento de Deus, poderás tudo: «Omnia possum in eo qui me confortat!» – posso tudo nAquele que me conforta!, pois Ele quer, pela sua bondade, utilizar instrumentos ineptos, como tu e como eu.

233 Sempre que fizeres oração, esforça-te por ter a fé dos enfermos do Evangelho. Deves ter a certeza de que Jesus te escuta.

234 Minha Mãe! As mães da terra olham com maior predileção para o filho mais fraco,

para o mais doente, para o mais curto de cabeça, para o pobre aleijado...
— Senhora! Eu sei que tu és mais Mãe que todas as mães juntas... — E como sou teu filho... E como sou fraco, e doente... e aleijado... e feio...

235 Falta-nos fé. No dia em que vivermos esta virtude — confiando em Deus e na sua Mãe —, seremos valentes e leais. Deus, que é o Deus de sempre, fará milagres por nossas mãos.
— Dá-me, ó Jesus, essa fé, que de verdade desejo! Minha Mãe e Senhora minha, Maria Santíssima, faz que eu creia!

236 Uma firme resolução: abandonar-me em Jesus Cristo, com todas as minhas misérias. E o que Ele quiser, em cada instante, «fiat!» — seja!

237 Nunca desanimes, porque o Senhor está sempre disposto a dar-te a graça necessária para essa nova conversão de que precisas, para essa ascensão no terreno sobrenatural.

238 Deus seja louvado!, dizias de ti para ti depois de terminares a tua Confissão sacramental. E pensavas: é como se tivesse voltado a nascer.

Depois, prosseguiste com serenidade: «Domine, quid me vis facere?» – Senhor, que queres que eu faça?

– E tu mesmo te deste a resposta: – Com a tua graça, por cima de tudo e de todos, cumprirei a tua Santíssima Vontade: «Serviam!» – eu te servirei sem condições!

239 Narra o Evangelista que os Magos, «videntes stellam» – ao verem de novo a estrela –, ficaram cheios de uma grande alegria.

– Alegram-se, filho, com esse júbilo imenso, porque fizeram o que deviam; e alegram-se porque têm a certeza de que chegarão até o Rei, que nunca abandona aqueles que O procuram.

240 Quando amares de verdade a Vontade de Deus, não deixarás de ver, mesmo nos momentos de maior trepidação, que o nosso Pai do Céu está sempre perto, muito perto, a teu lado, com o seu Amor eterno, com o seu carinho infinito.

241 Se porventura o panorama da tua vida interior, da tua alma, está obscurecido, deixa-te conduzir pela mão, como faz um cego.

— O Senhor, com o passar do tempo, premia essa humilhação de rendermos a cabeça, dando-nos luz.

242 Ter medo de alguma coisa ou de alguém, mas especialmente de quem dirige a nossa alma, é impróprio de um filho de Deus.

243 Não te comove ouvir uma palavra afetuosa dirigida à tua mãe?
— Pois bem, com o Senhor acontece o mesmo. Não podemos separar Jesus de sua Mãe.

244 Em momentos de esgotamento, de fastio, recorre confiadamente ao Senhor, dizendo-Lhe, como aquele amigo nosso: "Jesus, vê lá o que fazes...; antes de começar a luta, já estou cansado".
— Ele te dará a sua força.

245 Se não existem dificuldades, as tarefas não têm graça humana... nem sobrenatural. — Se, ao pregares um prego na parede, não encontras resistência, o que é que poderás pendurar ali?

246 Parece mentira que um homem como tu – que, segundo dizes, te sabes nada – se atreva a levantar obstáculos à graça de Deus.

Isso é o que fazes com a tua falsa humildade, com a tua "objetividade", com o teu pessimismo.

247 Senhor, dá-me graça para largar tudo o que se refira à minha pessoa. Eu não devo ter outras preocupações exceto a tua Glória..., numa palavra, o teu Amor. – Tudo por Amor!

248 "Ouvindo isso – que o Rei tinha vindo à terra –, Herodes perturbou-se, e com ele toda Jerusalém".

É a vida quotidiana! A mesma coisa acontece agora: ante a grandeza de Deus, que se manifesta de mil modos, não faltam pessoas – até mesmo constituídas em autoridade – que se perturbam. Porque... não amam a Deus totalmente; porque não são pessoas que de verdade desejem encontrá-Lo; porque não querem seguir as suas inspirações, e se convertem em obstáculo no caminho divino.

– Fica de sobreaviso, continua a trabalhar, não te preocupes, procura o Senhor, reza..., e Ele triunfará.

249 Não estás só. – Nem tu nem eu podemos encontrar-nos sós. E menos ainda se vamos a Jesus por Maria, pois é uma Mãe que nunca nos abandonará.

250 Quando te parecer que o Senhor te abandona, não te entristeças; procura-O com mais empenho! Ele, o Amor, não te deixa só.
– Convence-te de que é por Amor que te "deixa só", para que vejas com clareza na tua vida o que é dEle e o que é teu.

251 Dizias-me: "Vejo-me, não somente incapaz de andar para a frente no caminho, mas incapaz de salvar-me – pobre da minha alma! –, sem um milagre da graça. Estou frio e – o que é pior – como que indiferente: exatamente como se fosse um espectador do "meu caso", que pouco se importasse com o que contempla. Serão estéreis estes dias?

"E, no entanto, a minha Mãe é minha Mãe, e Jesus é – atrevo-me? – o meu Jesus! E há almas santas, agora mesmo, pedindo por mim".

– Continua a andar pela mão da tua Mãe – repliquei-te –, e "atreve-te" a dizer a Jesus que é teu. Pela sua bondade, Ele porá luzes claras na tua alma.

252 Dá-me, Jesus, uma Cruz sem cireneus. Digo mal: a tua graça, a tua ajuda far-me-á falta, como para tudo o mais; sê Tu o meu Cireneu. Contigo, meu Deus, não há prova que me assuste...

— Mas, e se a Cruz fosse o tédio, a tristeza? — Eu te digo, Senhor, que, Contigo, estaria alegremente triste.

253 Se eu não te perco, Senhor, para mim não haverá pena que seja pena.

254 Jesus não nega a ninguém a sua palavra, e é uma palavra que sara, que consola, que ilumina.

— Recordemo-lo sempre, tu e eu, também quando nos sentirmos fatigados pelo peso do trabalho ou da adversidade.

255 Não esperes o aplauso dos outros pelo teu trabalho.

— Mais ainda! Não esperes sequer, às vezes, que te compreendam outras pessoas e instituições que também trabalham por Cristo.

— Procura somente a glória de Deus e, amando a todos, não te preocupes se alguns não te entendem.

256 Se há montanhas, obstáculos, incompreensões, intrigas que satanás quer e o Senhor permite, precisas ter fé, fé com obras, fé com sacrifício, fé com humildade.

257 Ante a aparente esterilidade do apostolado, assaltam-te as vanguardas de uma onda de desalento, que a tua fé repele com firmeza... – Mas percebes que necessitas de mais fé, humilde, viva e operativa.

Tu, que desejas a saúde das almas, grita como o pai daquele rapaz enfermo, possuído pelo diabo: «Domine, adiuva incredulitatem meam!» – Senhor, ajuda a minha incredulidade!

Não duvides: repetir-se-á o milagre.

258 Que bonita oração – para que a repitas com frequência – a daquele amigo que rezava assim por um sacerdote encarcerado por ódio à religião: "Meu Deus, consola-o, porque sofre perseguição por ti. Quantos não sofrem, porque te servem!"

– Que alegria dá a Comunhão dos Santos!

259 Essas medidas, que alguns governos tomam para garantir a morte da fé em seus países, recordam-me os selos do Sinédrio no Sepulcro de Jesus.

— Ele, que não estava sujeito a nada nem a ninguém, apesar desses entraves, ressuscitou!

260 A solução é amar. O Apóstolo São João escreve umas palavras que me atingem muito: «Qui autem timet, non est perfectus in caritate». Eu o traduzo assim, quase ao pé da letra: quem tem medo não sabe amar.

— Portanto, tu, que tens amor e sabes amar, não podes ter medo de nada! — Para a frente!

261 Deus está contigo. Na tua alma em graça habita a Santíssima Trindade.

— Por isso, tu, apesar das tuas misérias, podes e deves estar em contínua conversa com o Senhor.

262 Tens de orar sempre, sempre.

— Tens de sentir a necessidade de recorrer a Deus, depois de cada êxito e de cada fracasso na vida interior.

263 Que a tua oração seja sempre um sincero e real ato de adoração a Deus.

264 Ao trazer-te à Igreja, o Senhor pôs na tua alma um selo indelével, por meio do Batismo: és filho de Deus. – Não o esqueças.

265 Dá muitas graças a Jesus, porque, por Ele, com Ele e nEle, podes chamar-te filho de Deus.

266 Se nos sentimos filhos prediletos do nosso Pai dos Céus – que é o que somos! –, como não havemos de estar sempre alegres? – Pensa bem nisto.

267 Enquanto dava a Sagrada Comunhão, aquele sacerdote sentia ímpetos de gritar: – Aí te entrego a Felicidade!

268 Agiganta a tua fé na Sagrada Eucaristia. – Pasma-te diante dessa realidade inefável!: temos Deus conosco, podemos recebê-Lo diariamente e, se quisermos, falamos intimamente com Ele, como se fala com o amigo, como se fala com o irmão, como se fala com o pai, como se fala com o Amor.

269 Como é formosa a nossa vocação de cristãos – de filhos de Deus! –, que nos traz na terra a alegria e a paz que o mundo não pode dar!

270 Dá-me, Senhor, o amor com que queres que te ame.

271 Naquela manhã – para venceres a sombra de pessimismo que te assaltava –, voltaste a insistir com o teu Anjo da Guarda, como fazes diariamente..., mas te "meteste" mais com ele. Dirigiste-lhe elogios e disseste-lhe que te ensinasse a amar Jesus, pelo menos, pelo menos, como ele O ama... E ficaste tranquilo.

272 Pede à tua Mãe, Maria, a São José, ao teu Anjo da Guarda..., pede-lhes que falem com o Senhor, dizendo-Lhe aquilo que, pela tua falta de jeito, não sabes expressar.

273 Enche-te de segurança: nós temos por Mãe a Mãe de Deus, a Santíssima Virgem Maria, Rainha do Céu e do Mundo.

274 Jesus nasceu numa gruta de Belém, diz a Escritura, "porque não havia lugar para eles na estalagem".
— Não me afasto da verdade teológica, se te

digo que Jesus ainda está procurando pousada em teu coração.

275 O Senhor está na Cruz, dizendo: – Eu padeço para que os meus irmãos os homens sejam felizes, não só no Céu, mas também – na medida do possível – na terra, se acatarem a Santíssima Vontade de meu Pai celestial.

276 É verdade que não contribuis com nada, que na tua alma é Deus quem faz tudo.
— Mas que não seja assim, do ponto de vista da tua correspondência.

277 Exercita-te na virtude da esperança, perseverando – por Deus, e ainda que te custe – no teu trabalho bem acabado, persuadido de que o teu esforço não é inútil diante do Senhor.

278 Quando na tua luta diária, composta geralmente de muitos poucos, há desejos e realidades de agradar a Deus a todo o instante, asseguro-te: nada se perde!

279 Pensa, porque de fato é assim: que bom é o Senhor, que me procurou, que me fez conhecer este caminho santo para ser eficaz, para amar as criaturas todas e dar-lhes a paz e a alegria!

— Este pensamento deve concretizar-se depois em propósitos.

280 Sabes que não te faltará a graça de Deus, porque Ele te escolheu desde a eternidade. E se te tratou assim, conceder-te-á todos os auxílios, para que Lhe sejas fiel, como filho seu.

— Caminha, pois, com segurança e com uma correspondência atual.

281 Peço à Mãe de Deus que saiba, que queira sorrir-nos..., e Ela nos sorrirá.

E, além disso, premiará na terra a nossa generosidade com mil por um: mil por um, é o que lhe peço!

282 Tens de praticar uma caridade alegre, doce e viril, humana e sobrenatural; caridade afetuosa, que saiba acolher a todos com um sincero sorriso habitual; que saiba compreender as ideias e os sentimentos dos outros.

— Assim, suavemente e fortemente, sem cederes na conduta pessoal nem na doutrina, a caridade de Cristo — bem vivida — dar-te-á o espí-

283 Filho, dizia-te com segurança: não se me ocultam os "obstáculos" que encontraremos para pegarmos a nossa "loucura" a outros apóstolos. Alguns poderão parecer insuperáveis..., mas «inter medium montium pertransibunt aquae» – as águas passarão através das montanhas: o espírito sobrenatural e o ímpeto do nosso zelo furarão os montes, e superaremos esses obstáculos.

284 "Meu Deus, meu Deus! Todos me são igualmente queridos, por Ti, em Ti e Contigo; e agora, todos dispersos", queixavas-te, ao te veres de novo sozinho e sem meios humanos.
– Mas imediatamente o Senhor pôs na tua alma a certeza de que Ele resolveria a situação. E disseste-Lhe: – Tu a arrumarás!
– Efetivamente, o Senhor arrumou tudo antes, mais e melhor do que tu esperavas.

285 É justo que o Pai e o Filho e o Espírito Santo coroem a Santíssima Virgem como Rainha e Senhora de toda a criação.
– Aproveita-te desse poder! e, com atrevi-

Página anterior: rito de conquista: terás cada dia mais fome de trabalho pelas almas.

mento filial, une-te a essa festa do Céu. – Eu coroo a Mãe de Deus e minha Mãe com as minhas misérias purificadas, porque não tenho pedras preciosas nem virtudes.

– Ânimo!

PODES!

286 Quero prevenir-te a respeito de uma dificuldade que talvez possa apresentar-se: a tentação do cansaço, do desalento.

— Não está ainda fresca na tua memória uma vida — a tua — sem rumo, sem meta, sem sal, que a luz de Deus e a tua entrega endireitaram e encheram de alegria?

— Não troques bobamente isto por aquilo.

287 Se notas que não és capaz — seja por que motivo for —, diz-Lhe, abandonando-te nEle: — Senhor, confio em Ti, abandono-me em Ti, mas ajuda a minha fraqueza!

E, cheio de confiança, repete-Lhe: — Olha para mim, Jesus, sou um trapo sujo; a experiência da minha vida é tão triste, não mereço ser teu filho. Diz-Lhe isso..., e dize-o muitas vezes.

— Não tardarás a ouvir a sua voz: «Ne timeas!» — não temas! Ou também: «Surge et ambula!» — levanta-te e anda!

288 Comentavas-me, ainda indeciso: – Como se notam esses tempos em que o Senhor me pede mais!

Só me ocorreu recordar-te: – Garantias-me que a única coisa que querias era identificar-te com Ele; então, por que resistes?

289 Oxalá saibas cumprir esse propósito que fizeste: "Morrer um pouco para mim mesmo, cada dia".

290 A alegria, o otimismo sobrenatural e humano, são compatíveis com o cansaço físico, com a dor, com as lágrimas – porque temos coração –, com as dificuldades na nossa vida interior ou na tarefa apostólica.

Ele, «perfectus Deus, perfectus Homo» – perfeito Deus e perfeito Homem –, que tinha toda a felicidade do Céu, quis experimentar a fadiga e o cansaço, o pranto e a dor..., para que entendêssemos que ser sobrenatural implica ser muito humano.

291 Jesus te pede oração... Vês isso claramente.

– No entanto, quanta falta de correspondência! Tudo te custa muito: és como a criança que tem preguiça de aprender a andar. Mas, no teu caso, não é só preguiça. É também medo, falta de generosidade.

292 Repete com frequência: – Jesus, se alguma vez se insinuar na minha alma a dúvida entre fazer o que Tu me pedes e seguir outras ambições nobres, digo-te desde já que prefiro o teu caminho, custe o que custar. Não me largues!

293 Procura a união com Deus e enche-te de esperança – virtude segura! –, porque Jesus te iluminará com as luzes da sua misericórdia, mesmo na noite mais escura.

294 Assim discorria a tua oração: "Pesam-me as minhas misérias, mas não me afligem porque sou filho de Deus. Expiar. Amar... E – acrescentavas – desejo servir-me da minha fraqueza, como São Paulo, persuadido de que o Senhor não abandona os que nEle confiam".

– Continua assim, confirmei-te, porque – com a graça de Deus – conseguirás, e vencerás as tuas misérias e as tuas pequenezes.

295 Qualquer momento é propício para fazer um propósito eficaz, para dizer "creio", para dizer "espero", para dizer "amo".

296 Aprende a louvar o Pai e o Filho e o Espírito Santo. Aprende a ter uma especial devoção pela Santíssima Trindade: creio em Deus Pai, creio em Deus Filho, creio em Deus Espírito Santo; espero em Deus Pai, espero em Deus Filho, espero em Deus Espírito Santo; amo a Deus Pai, amo a Deus Filho, amo a Deus Espírito Santo. Creio, espero e amo a Trindade Santíssima.

– Faz-nos falta esta devoção como um exercício sobrenatural da alma, que se traduz em atos do coração, ainda que nem sempre se verta em palavras.

297 O sistema, o método, o procedimento, a única maneira de termos vida – abundante e fecunda em frutos sobrenaturais – é seguir o conselho do Espírito Santo, que nos chega através dos Atos dos Apóstolos: «Omnes erant perseverantes unanimiter in oratione» – todos perseveravam unanimemente na oração.

– Sem oração, nada!

298 O meu Senhor Jesus tem um Coração mais sensível que todos os corações de todos os homens bons juntos. Se um homem bom (medianamente bom) sabe que determinada pessoa o ama, sem esperar satisfação ou prêmio algum (ama por amar); e sabe também que essa pessoa só deseja que ele não se oponha a ser amado, mesmo que seja de longe..., não tardará a corresponder a um amor tão desinteressado.

— Se o Amado é tão poderoso que pode tudo, estou certo de que, além de acabar por render-se ao amor fiel da criatura (apesar das misérias dessa pobre alma), dar-lhe-á a formosura, a ciência e o poder sobrehumanos que forem necessários para que os olhos de Jesus não se manchem, ao pousarem no pobre coração que O adora.

— Menino, ama: ama e espera.

299 Se com sacrifício semeias Amor, também colherás Amor.

300 Menino: não ardes em desejos de fazer que todos O amem?

301 Jesus-menino, Jesus-adolescente: gosto de ver-te assim, Senhor, porque... me torno mais atrevido. Gosto de ver-te pequenino, como que desamparado, para embalar-me na ilusão de que precisas de mim.

302 Sempre que entro no oratório, digo ao Senhor – voltei a ser criança – que O amo mais do que ninguém.

303 Como é maravilhosa a eficácia da Sagrada Eucaristia, na ação – e, antes, no espírito – das pessoas que a recebem com frequência e piedosamente!

304 Senhor, se aqueles homens, por um pedaço de pão – embora o milagre da multiplicação tenha sido muito grande –, se entusiasmam e te aclamam, que não deveremos nós fazer pelos muitos dons que nos concedeste, e especialmente porque te entregas a nós sem reservas na Eucaristia?

305 Menino bom: os apaixonados desta terra, como beijam as flores, a carta, uma lembrança da pessoa que amam!...
— E tu? Poderás esquecer-te alguma vez de que O tens sempre ao teu lado..., a Ele!? – Esquecerás... que O podes comer?

306 Tens de assomar muitas vezes a cabeça ao oratório, para dizer a Jesus: – Abandono-me nos teus braços.

– Deixa aos seus pés o que tens: as tuas misérias!

– Deste modo, apesar da turbamulta de coisas que trazes sobre os ombros, nunca perderás a paz.

307 Reza com toda a segurança com o Salmista: "Senhor, Tu és o meu refúgio e a minha fortaleza, confio em ti!"

Eu te garanto que Ele te preservará das insídias do "demônio meridiano"* – nas tentações e... nas quedas! –, quando a idade e as virtudes teriam que ser maduras, quando deverias saber de cor que somente Ele é a Fortaleza.

308 Achas que, na vida, se agradece um serviço prestado de má vontade? É evidente que não. E até se chega a concluir: seria melhor que não o tivesse feito.

– E pensas que podes servir a Deus de cara

(*) Expressão da literatura ascética com que por vezes se designa a crise da meia-idade (N. do T.).

fechada? Não! – Tens de servi-Lo com alegria, apesar das tuas misérias, que as iremos tirando com a ajuda divina.

309 Assaltam-te dúvidas e tentações com pinta elegante.

– Gosto de ouvir-te: vê-se que o demônio te considera seu inimigo, e que a graça de Deus não te desampara. Continua a lutar!

310 A maior parte dos que têm problemas pessoais, "têm-nos" pelo egoísmo de pensar em si próprios.

311 Parece que há calma. Mas o inimigo de Deus não dorme...

– Também o Coração de Jesus vela! Essa é a minha esperança.

312 A santidade está na luta, em saber que temos defeitos e em tratar heroicamente de evitá-los.

A santidade – insisto – está em vencer esses defeitos..., mas morreremos com defeitos: senão, já te disse, seríamos uns soberbos.

313 Obrigado, Senhor, porque – ao permitires a tentação – nos dás também a formosura e a fortaleza da tua graça, para que sejamos vencedores! Obrigado, Senhor, pelas tentações, que Tu permites para que sejamos humildes!

314 Não me abandones, meu Senhor: não vês a que abismo sem fundo iria parar este teu pobre filho?
– Minha Mãe: sou teu filho também.

315 Não se pode ter uma vida limpa sem a ajuda divina. Deus quer a nossa humildade, quer que Lhe peçamos a sua ajuda, através da nossa Mãe e sua Mãe.

Tens que dizer a Nossa Senhora, agora mesmo, na solidão acompanhada do teu coração, falando sem ruído de palavras: – Minha Mãe, este meu pobre coração rebela-se algumas vezes... Mas se tu me ajudas... – E Ela te ajudará, para que o conserves limpo e continues pelo caminho a que Deus te chamou: a Virgem te facilitará sempre o cumprimento da Vontade de Deus.

316 Para guardar a santa pureza, a limpeza de vida, tens de amar e praticar a mortificação diária.

317 Quando sentires o aguilhão da pobre carne, que às vezes ataca com violência, beija o Crucifixo, beija-o muitas vezes!, com uma vontade eficaz, mesmo que te pareça que o fazes sem amor.

318 Coloca-te cada dia diante do Senhor e, como aquele homem necessitado do Evangelho, diz-Lhe devagar, com todo o empenho do teu coração: «Domine, ut videam!» – Senhor, que eu veja! Que veja o que Tu esperas de mim e lute por ser-te fiel.

319 Meu Deus, como é fácil perseverar, sabendo que Tu és o Bom Pastor, e nós – tu e eu... – ovelhas do teu rebanho!

— Porque sabemos muito bem que o Bom Pastor dá a sua vida inteira por cada uma das suas ovelhas.

320 Hoje, na tua oração, confirmaste o propósito de fazer-te santo. Compreendo-te bem quando acrescentas, concretizando: – Sei que o conseguirei, não porque esteja seguro de mim, Jesus, mas porque... estou seguro de Ti.

321 Tu, sozinho, sem contar com a graça, não conseguirás nada de proveito, porque terás cortado o caminho das relações com Deus.

– Com a graça, porém, podes tudo.

322 Queres aprender de Cristo e tomar a sua vida como exemplo? – Abre o Santo Evangelho e escuta o diálogo de Deus com os homens..., contigo.

323 Jesus sabe muito bem o que nos convém..., e eu amo e amarei sempre a sua Vontade. É Ele quem maneja os "bonecos" e, se for um meio para o nosso fim, apesar desses homens sem Deus que se empenham em levantar obstáculos, dar-me-á o que peço.

324 A fé verdadeira revela-se pela humildade.

«Dicebat enim intra se» – dizia aquela pobre mulher dentro de si: «Si tetigero tantum vestimentum eius, salva ero» – se conseguir tocar apenas a orla das suas vestes, ficarei curada.

– Que humildade a dela, fruto e sinal da sua fé!

325 Se Deus te dá a carga, Deus te dará a força.

326 Invoca o Espírito Santo no exame de consciência, para conheceres mais a Deus, para te conheceres a ti mesmo, e assim poderes converter-te cada dia.

327 Direção espiritual. Não te oponhas a que revolvam a tua alma, com sentido sobrenatural e com santa desvergonha, para verificarem até que ponto podes – e queres! – dar glória a Deus.

328 «Quomodo fiet istud quoniam virum non cognosco?» – como poderá realizar-se este prodígio, se não conheço varão? Pergunta de Maria ao Anjo, que é reflexo do seu Coração sincero.

Olhando para a Virgem Santa, confirmei-me numa norma clara: para termos paz e vivermos em paz, temos de ser muito sinceros com Deus, com os que dirigem a nossa alma e conosco próprios.

329 O menino bobo chora e esperneia, quando a mãe carinhosa lhe espeta um alfinete no dedo para lhe tirar o espinho que se cravou... O menino ajuizado, talvez com os olhos cheios de lágrimas – porque a carne é fraca –, olha agradecido para a sua boa mãe, que o faz sofrer um pouco para evitar maiores males.

— Jesus, que eu seja menino ajuizado.

330 Menino, pobre burrico: se, com Amor, o Senhor limpou as tuas negras costas, habituadas ao esterco, e te carrega com arreios de seda, e sobre eles coloca joias deslumbrantes, pobre burrico!, não esqueças que "podes", por tua culpa, jogar a bela carga ao chão..., mas tu sozinho "não podes" voltar a carregá-la.

331 Descansa na filiação divina. Deus é um Pai – o teu Pai! – cheio de ternura, de infinito amor.

Chama-Lhe Pai muitas vezes, e diz-Lhe – a sós – que O amas, que O amas muitíssimo!: que sentes o orgulho e a força de ser seu filho.

332 A alegria é consequência necessária da filiação divina, de nos sabermos queridos com predileção pelo nosso Pai-Deus, que nos acolhe, nos ajuda e nos perdoa.

— Lembra-te bem e sempre disto: mesmo

que alguma vez pareça que tudo vem abaixo, nada vem abaixo!, porque Deus não perde batalhas.

333 A maior prova de agradecimento a Deus é amarmos apaixonadamente a nossa condição de filhos seus.

334 Estás como o pobre-diabo que de repente fica sabendo que é filho do Rei! – Por isso, já só te preocupa na terra a Glória – toda a Glória – de teu Pai-Deus.

335 Menino amigo, diz-Lhe: – Jesus, sabendo que te amo e que me amas, o resto pouco me importa: tudo vai bem.

336 – Pedi muito a Nossa Senhora, afirmavas-me. E te corrigias: – Digo mal, expus muito a Nossa Senhora.

337 "Tudo posso nAquele que me conforta". Com Ele, não há possibilidade de fracasso, e desta persuasão nasce o santo "complexo de superioridade" para enfrentarmos as tarefas com espírito de vencedores, porque Deus nos concede a sua fortaleza.

338 Diante da tela, com ânsias de superação, exclamava aquele artista: – Senhor, quero pintar para ti trinta e oito corações, trinta e oito anjos explodindo sempre de amor por ti: trinta e oito maravilhas bordadas no teu céu, trinta e oito sóis no teu manto, trinta e oito chamas, trinta e oito amores, trinta e oito loucuras, trinta e oito alegrias...

Depois, humilde, reconhecia: – Isto é a imaginação e o desejo. A realidade são trinta e oito figuras pouco conseguidas que, mais do que dar satisfação, mortificam a vista.

339 Não podemos ter a pretensão de que os Anjos nos obedeçam... Mas temos a absoluta certeza de que os Santos Anjos nos ouvem sempre.

340 Deixa-te conduzir por Deus. Levar-te-á pelo "seu caminho", servindo-se de adversidades sem conta..., e talvez até da tua mandriice, para que se veja que a tua tarefa, é Ele quem a realiza.

341 Pede-Lhe sem medo, insiste. Lembra-te da cena que o Evangelho nos relata acerca da multiplicação dos pães. – Olha com que magnanimidade responde aos Apóstolos: – Quantos pães tendes? Cinco?... Que me pedis?... E Ele dá seis, cem, milhares... Por quê?

– Porque Cristo vê as nossas necessidades com uma sabedoria divina, e com a sua onipotência pode e chega mais longe do que os nossos desejos.

O Senhor vê mais longe do que a nossa pobre lógica e é infinitamente generoso!

342 Quando se trabalha por Deus, é preciso ter "complexo de superioridade", indiquei-te.

– Mas, perguntavas-me, isso não é uma manifestação de soberba?

– Não! É uma consequência da humildade, de uma humildade que me faz dizer: – Senhor, Tu és quem és. Eu sou a negação. Tu tens todas as perfeições: o poder, a fortaleza, o amor, a glória, a sabedoria, o império, a dignidade... Se eu me unir a ti, como um filho quando se põe nos braços fortes de seu pai ou no regaço maravilhoso de sua mãe, sentirei o calor da tua divindade, sentirei as luzes da tua sabedoria, sentirei correr pelo meu sangue a tua fortaleza.

343 Se tiveres presença de Deus, por cima da tempestade que ensurdece, brilhará sempre o sol no teu olhar; e, por baixo das ondas tumultuosas e devastadoras, reinarão na tua alma a calma e a serenidade.

344 Para um filho de Deus, cada jornada tem que ser uma ocasião de renovar-se, na certeza de que, ajudado pela graça, chegará ao termo do caminho, que é o Amor.

Por isso, se começas e recomeças, andas bem. Se tens moral de vitória, se lutas, com o auxílio de Deus, vencerás! Não há dificuldade que não possas superar!

345 Chega-te a Belém, aproxima-te do Menino, embala-O, diz-Lhe um monte de coisas ardentes, aperta-O contra o coração...

— Não falo de criancices: falo de amor! E o amor manifesta-se com fatos: na intimidade da tua alma, bem O podes abraçar!

346 Manifestemos a Jesus que somos crianças. E as crianças, as crianças pequeninas e simples, quanto não sofrem para subir um degrau! Parece que estão ali perdendo o tempo. Finalmente, subiram. Agora, outro degrau. Com as mãos e os pés, e com o impulso de todo o corpo, conseguem um novo triunfo: mais um degrau. E volta a começar. Que esforços! Já faltam poucos..., mas então um tropeço... e zás!... lá em baixo. Toda machucada, inundada de lágrimas, a pobre criança começa, recomeça a subida.

Assim nós, Jesus, quando estamos sós. Toma-nos Tu em teus braços amáveis, como um Amigo grande e bom da criança simples; não nos soltes até que estejamos lá em cima; e então – oh, então! – saberemos corresponder ao teu Amor Misericordioso, com audácias infantis, dizendo-te, doce Senhor, que, a não ser Maria e José, não houve nem haverá mortal algum – e os tem havido muito loucos – que te ame como eu te amo.

347 Não te importes de fazer pequenas criancices, aconselhei-te: enquanto esses atos não forem rotineiros, não serão estéreis.

– Um exemplo: suponhamos que uma alma, que caminha pela via da infância espiritual, se sente movida a cobrir com um agasalho cada noite, à hora de dormir, uma imagem de madeira da Santíssima Virgem.

A inteligência insurge-se contra semelhante ação, por lhe parecer claramente inútil. Mas a alma pequena, tocada pela graça, vê perfeitamente que uma criança, por amor, agiria assim.

Então, a vontade varonil, que têm todos os que são espiritualmente pequeninos, levanta-se, obrigando a inteligência a render-se... E se aquela alma infantil continua a agasalhar cada dia a imagem de Nossa Senhora, também cada dia faz uma pequena criancice fecunda aos olhos de Deus.

348 Quando fores sinceramente criança e seguires por caminhos de infância – se o Senhor te leva por aí –, serás invencível.

349 Um pedido confiante de filho pequeno: – Eu quereria, Senhor, uma compunção como a que tiveram aqueles que mais te souberam agradar.

350 Menino, deixarás de sê-lo se alguém ou alguma coisa se interpuser entre Deus e ti.

351 Não devo pedir nada a Jesus: limitar-me-ei a dar-Lhe gosto em tudo e a contar-Lhe as coisas como se Ele não as soubesse, tal como uma criança faz com seu pai.

352 Menino, diz a Jesus: — Não me conformo com menos do que Contigo.

353 Na tua oração de infância espiritual, que coisas tão pueris dizes ao teu Senhor! Com a confiança de um menino que conversa com o Amigo grande, de cujo amor tem certeza, tu Lhe confias: — Que eu viva somente para a tua Glória!

Recordas e reconheces lealmente que fazes tudo mal: — Isso, meu Jesus — acrescentas —, não pode chamar-te a atenção: é impossível que eu faça alguma coisa direito. Ajuda-me Tu, faze-o Tu por mim e verás como sai bem.

Depois, audazmente e sem te afastares da verdade, continuas: — Empapa-me, embriaga-me com o teu Espírito, e assim farei a tua Vontade. Quero fazê-la. Se não a faço..., é porque não me ajudas. Mas é claro que me ajudas!

354 Tens de sentir a necessidade urgente de te veres pequeno, desprovido de tudo, fraco. Então lançar-te-ás no regaço da nossa Mãe do Céu, com jaculatórias, com olhares de afeto, com práticas de piedade mariana..., que estão na entranha do teu espírito filial.

— Ela te protegerá.

355 Aconteça o que acontecer, persevera no teu caminho; persevera, alegre e otimista, porque o Senhor se empenha em varrer todos os obstáculos.

— Ouve-me bem: tenho a certeza de que, se lutas, serás santo!

356 Quando o Senhor os chamou, os primeiros Apóstolos estavam junto à barca velha e junto às redes furadas, remendando-as. O Senhor disse-lhes que O seguissem; e eles, «statim» — imediatamente —, «relictis omnibus» — abandonando todas as coisas, tudo! —, O seguiram...

E acontece algumas vezes que nós — que desejamos imitá-los — não acabamos de abandonar tudo, e fica-nos um apego no coração, um erro em nossa vida, que não queremos cortar para oferecê-lo ao Senhor.

— Examinarás o teu coração bem a fundo? — Não há de ficar nada aí que não seja dEle; caso contrário, não O amamos bem, nem tu nem eu.

357 Tens de manifestar ao Senhor, com sinceridade e constantemente, os teus desejos de santidade e de apostolado..., e então não se quebrará o pobre vaso da tua alma; ou, se se quebra, recompor-se-á com nova graça, e continuará a servir para a tua própria santidade e para o apostolado.

358 A tua oração tem de ser a do filho de Deus; não a dos hipócritas, que hão de escutar de Jesus aquelas palavras: "Nem todo aquele que diz Senhor!, Senhor!, entrará no Reino dos Céus".

A tua oração, o teu clamar "Senhor!, Senhor!", tem de andar unido, de mil formas diversas ao longo do dia, ao desejo e ao esforço eficaz de cumprir a Vontade de Deus.

359 Menino, diz-Lhe: – Ó Jesus, eu não quero que o demônio se apodere das almas!

360 Se foste escolhido, chamado pelo Amor de Deus, para segui-Lo, tens obrigação de corresponder-Lhe..., e tens também o dever, não menos forte, de conduzir, de contribuir para a santidade e para o bom caminhar dos teus irmãos, os homens.

361 Coragem!..., também quando a caminhada se tornar dura. Não te dá alegria saber que a fidelidade aos teus compromissos de cristão depende em boa parte de ti?

Enche-te de júbilo e renova livremente a tua decisão: – Senhor, eu também quero, conta com o pouco que sou!

362 Deus não te arranca do teu ambiente, não te retira do mundo, nem do teu estado de vida, nem das tuas ambições humanas nobres, nem do teu trabalho profissional..., mas, aí, te quer santo!

363 Com a fronte grudada ao chão e posto na presença de Deus, deves considerar (porque é assim) que és uma coisa mais suja e desprezível do que o lixo recolhido pela vassoura.

– E, apesar de tudo, o Senhor te escolheu.

364 Quando é que te decidirás...!

Muitos, à tua volta, levam uma vida sacrificada por um motivo simplesmente humano; essas pobres criaturas não se lembram de que são filhos de Deus, e comportam-se assim talvez unicamente por soberba, para sobressair, para conseguir uma vida futura mais cômoda: abstêm-se de tudo!

E tu, que tens o doce peso da Igreja, dos

teus, dos teus colegas e amigos, motivos pelos quais vale a pena gastar-se, que fazes?, com que sentido de responsabilidade reages?

365 Ó Senhor!, por que me procuraste – a mim, que sou a negação –, quando há tantos santos, sábios, ricos e cheios de prestígio?
— Tens razão... Precisamente por isso, mostra-Lhe o teu agradecimento com obras e com amor.

366 Jesus, que na tua Igreja Santa todos perseverem no caminho, seguindo a sua vocação cristã, como os Magos seguiram a estrela: desprezando os conselhos de Herodes..., que não lhes faltarão.

367 Peçamos a Jesus Cristo que o fruto da sua Redenção cresça abundante nas almas: ainda mais, mais, mais abundante!, divinamente abundante!
E para isso, que nos faça bons filhos da sua Mãe bendita.

368 Queres um segredo para ser feliz? Dá-te aos outros e serve-os, sem esperar que to agradeçam.

369 Se atuas – vives e trabalhas – de olhos postos em Deus, por razões de amor e de serviço, com alma sacerdotal, ainda que não sejas sacerdote, toda a tua ação cobra um genuíno sentido sobrenatural, que mantém a tua vida inteira unida à fonte de todas as graças.

370 Ante o imenso panorama de almas que nos espera, ante essa maravilhosa e tremenda responsabilidade, talvez te ocorra pensar o mesmo que eu penso às vezes: – Comigo, todo esse trabalho? Comigo, que valho tão pouco?

– Temos de abrir então o Evangelho e contemplar como Jesus cura o cego de nascença: com barro feito de pó da terra e saliva. E esse é o colírio que dá luz a uns olhos cegos!

Isso é o que somos tu e eu. Com o conhecimento da nossa fraqueza, da nossa nenhuma valia, mas, com a graça de Deus e a nossa boa vontade, somos colírio!, para iluminar, para comunicar a nossa fortaleza aos outros e a nós mesmos.

371 Dizia-Lhe uma alma apostólica: – Jesus, vê lá o que fazes..., eu não trabalho para mim...

372 Se perseverares na oração com "perseverança pessoal", Deus Nosso Senhor dar-te-á os meios de que precisas para ser mais eficaz e para estender o seu reinado no mundo.

— Mas é necessário que permaneças fiel: pede, pede, pede... Achas que te comportas assim?

373 O Senhor quer os seus filhos por todos os caminhos honestos da terra, lançando a semente da compreensão, do perdão, da convivência, da caridade, da paz.

— Tu, que fazes?

374 A Redenção está-se fazendo, ainda neste momento..., e tu és — tens de ser! — corredentor.

375 Ser cristão no mundo não significa isolar-se, muito pelo contrário! — Significa amar todas as pessoas e desejar inflamá-las com o fogo do amor a Deus.

376 Senhora, Mãe de Deus e minha Mãe, nem por sombras quero que deixes de ser a Dona e a Imperatriz de toda a criação.

TORNAR A LUTAR

377 Segue o conselho de São Paulo: «Hora est iam nos de somno surgere!» – já é hora de trabalhar! – De trabalhar por dentro, na edificação da tua alma; e por fora, do lugar onde estás, na edificação do Reino de Deus.

378 Dizes-me, contrito: – "Quanta miséria vejo em mim! É tal a minha torpeza e tal a bagagem das minhas concupiscências, que me encontro como se nunca tivesse feito nada para me aproximar de Deus. Começar, começar: ó Senhor, sempre começando! Procurarei, no entanto, avançar com toda a minha alma em cada jornada".

– Que Ele abençoe essas tuas aspirações.

379 "Padre, comentaste-me, eu cometo muitos equívocos, muitos erros".

– Já sei – respondi-te –. Mas Deus Nosso Senhor, que também o sabe e conta com isso, só te pede a humildade de reconhecê-lo, e a luta por retificar, por servi-Lo cada dia melhor, com mais vida interior, com uma oração contínua, com a piedade e com o emprego dos meios adequados para santificares o teu trabalho.

380 Oxalá adquiras – queres alcançá-las – as virtudes do burrico!: humilde, duro para o trabalho e perseverante, teimoso!, fiel, seguríssimo no seu passo, forte e – se tiver bom dono – agradecido e obediente.

381 Continua a considerar as virtudes do burrico, e repara que o burro, para fazer alguma coisa de proveito, tem que deixar-se dominar pela vontade de quem o guia...: sozinho, não faria senão... burradas. Com certeza que não lhe ocorreria coisa melhor do que revolver-se no chão, correr para o estábulo... e zurrar.

Ah Jesus! – diz-Lhe tu também –: «Ut iumentum factus sum apud te!» – fizeste-me teu burriquinho: não me largues, «et ego semper tecum!» – e estarei sempre Contigo. Conduz-me fortemente atado com a tua graça: «tenuisti manum dexteram meam»... – apanhaste-me pelo cabresto; «et in voluntate tua deduxisti me»... – e faz-me cumprir a tua Vontade. E assim te amarei pelos séculos sem fim! – «et cum gloria suscepisti me!»

382 Até a mortificação mais insignificante te parece uma epopeia. Às vezes, Jesus serve-se das "singularidades", das pequenezes do teu caráter para que sejas mortificado, fazendo da necessidade virtude.

383 – Meu Jesus, quero corresponder ao teu Amor, mas sou mole.
– Com a tua graça, saberei!

384 A vida espiritual é – repito-o de propósito até à exaustão – um contínuo começar e recomeçar.
– Recomeçar? Sim! Cada vez que fazes um ato de contrição – e deveríamos fazer muitos diariamente –, recomeças, porque dás a Deus um novo amor.

385 Não podemos conformar-nos com o que fazemos no nosso serviço a Deus, à semelhança do artista que não fica satisfeito com o quadro ou estátua que sai das suas mãos. Todos lhe dizem: – É uma maravilha. Mas ele pensa: – Não, não é bem isto; eu quereria mais. Assim deveríamos nós reagir.

Além disso, o Senhor nos dá muito, tem direito à nossa mais plena correspondência... e é preciso caminhar ao seu passo.

386 Falta-te fé... e falta-te amor. Senão, correrias imediatamente e com mais frequência a Jesus, pedindo-Lhe por isto e por aquilo.

– Não esperes mais, invoca-O, e ouvirás Cristo dizer-te: "Que queres que te faça?", tal como atendeu aquele ceguinho que, postado à beira do caminho, não se cansou de insistir.

387 Escrevia aquele nosso amigo: "Muitas vezes pedi perdão ao Senhor pelos meus grandíssimos pecados; disse-Lhe que O amava, beijando o Crucifixo, e agradeci-Lhe as suas providências paternais destes dias. Surpreendi-me, como há anos, dizendo – sem dar por isso senão depois –: «Dei perfecta sunt opera» – todas as obras de Deus são perfeitas. Ao mesmo tempo, ficou-me a certeza plena, sem nenhum género de dúvida, de que essa é a resposta do meu Deus à sua criatura, pecadora mas amante. Tudo espero dEle! Louvado seja!!"

Apressei-me a responder-lhe: "O Senhor comporta-se sempre como um bom Pai, e oferece-nos contínuas provas do seu Amor: cifra toda a tua esperança nEle..., e continua a lutar".

388 Ó Jesus! Se, sendo como tenho sido! – pobre de mim –, fizeste o que fizeste..., se eu correspondesse, o que não farias?

Esta verdade há de levar-te a uma generosidade sem tréguas.

Chora, e dói-te com pena e com amor, porque o Senhor e a sua Mãe bendita merecem outro comportamento da tua parte.

389 Ainda que às vezes se meta na tua alma a falta de vontade, e te pareça que falas só da boca para fora, renova os teus atos de fé, de esperança, de amor. Não adormeças!, porque, caso contrário, no meio das coisas boas virão as más e te arrastarão.

390 Faz assim a tua oração: – Se devo fazer alguma coisa de proveito, Jesus, tens de fazê-lo Tu por mim. Que se cumpra a tua Vontade; amo-a, ainda que a tua Vontade permita que eu esteja sempre como agora, caindo penosamente, e Tu, levantando-me!

391 Faz-me santo, meu Deus, ainda que seja à paulada. Não quero ser o peso morto da tua Vontade. Quero corresponder, quero ser generoso... Mas, que espécie de querer é o meu?

392 Estás cheio de preocupação porque não amas como deves. Tudo te aborrece. E o inimigo faz o que pode para que o teu mau gênio venha à tona.

– Compreendo que estejas muito humilhado, e precisamente por isso deves reagir com eficácia e sem demora.

393 Não é verdadeira santidade – será, na melhor das hipóteses, a sua caricatura – aquela que obriga a pensar que "para aguentar um santo, são precisos dois santos".

394 O diabo trata de afastar-nos de Deus e, se te deixas dominar por ele, as criaturas honradas hão de "afastar-se" de ti, porque "se afastam" dos amigos de satanás ou dos possuídos por ele.

395 Quando falares com o Senhor, embora penses que em ti tudo é palavreado, pede-Lhe uma maior entrega, um progresso mais decidido na perfeição cristã: que te inflame mais!

396 Renova o teu propósito firme de viver com "voluntariedade atual" a tua vida de cristão: a todas as horas e em todas as circunstâncias.

397 Não levantes obstáculos à graça: tens de convencer-te de que, para ser fermento, precisas ser santo, precisas lutar por identificar-te com Ele.

398 Diz devagar, com ânimo sincero: «Nunc coepi!» – agora começo!
Não desanimes se, infelizmente, não vês em ti a mudança, que é efeito da destra do Senhor... Do fundo da tua baixeza, podes gritar: – Ajuda-me, meu Jesus, porque quero cumprir a tua Vontade..., a tua amabilíssima Vontade!

399 De acordo: a tua preocupação devem ser "eles". Mas a tua primeira preocupação deves ser tu mesmo, a tua vida interior; porque, de outro modo, não poderás servi-los.

400 Quanto te custa essa mortificação que o Espírito Santo te sugere! Olha bem devagar para um Crucifixo..., e amarás essa expiação.

401 Pregar-se na Cruz! Esta aspiração, como uma luz nova, vinha à inteligência, ao coração e aos lábios daquela alma, muitas vezes.
— Pregar-se na Cruz? Quanto custa!, dizia de si para si. E isso apesar de saber muito bem o caminho: «agere contra!», negar-se a si mesmo. Por isso suplicava: — Ajuda-me, Senhor!

402 Situados no Calvário, onde Jesus morreu, a experiência dos nossos pecados pessoais deve conduzir-nos à dor: a uma decisão mais madura e mais profunda de não ofendê-Lo de novo.

403 Cada dia um pouco mais — como se se tratasse de talhar uma pedra ou uma madeira —, é preciso ir limando asperezas, tirando defeitos da nossa vida pessoal, com espírito de penitência, com pequenas mortificações, que são de duas espécies: as ativas — essas que procuramos, como florzinhas que apanhamos ao longo do dia —, e as passivas, que vêm de fora e nos custa aceitar. Depois, Jesus vai completando o que falta.

— Que Crucifixo tão esplêndido vais ser, se correspondes com generosidade, com alegria, de todo!

404 O Senhor, com os braços abertos, pede-te uma contínua esmola de amor.

405 Aproxima-te de Jesus morto por ti, aproxima-te dessa Cruz que se recorta sobre o cume do Gólgota...

Mas aproxima-te com sinceridade, com esse recolhimento interior que é sinal de maturidade cristã: para que os acontecimentos divinos e humanos da Paixão penetrem na tua alma.

406 Temos de aceitar a mortificação com os mesmos sentimentos que teve Jesus Cristo na sua Paixão Santa.

407 A mortificação é premissa necessária para todo o apostolado e para a perfeita execução de cada apostolado.

408 O espírito de penitência consiste principalmente em aproveitar essas abundantes miudezas — ações, renúncias, sacrifícios, serviços... —

que encontramos cada dia no caminho, para convertê-las em atos de amor, de contrição, em mortificações, formando assim um ramalhete no fim do dia: um belo ramo, que oferecemos a Deus!

409 O melhor espírito de sacrifício é a perseverança no trabalho começado: quer se faça com entusiasmo, quer se torne encosta empinada.

410 Não deixes de submeter à consideração do teu Diretor espiritual o teu plano de mortificações, para que ele as modere.

— Porém, moderá-las não quer dizer sempre diminuí-las, mas também aumentá-las, se o julgar conveniente. — E, seja o que for, aceita-o!

411 Podemos dizer, como Santo Agostinho, que as paixões ruins nos puxam pela roupa, para baixo. Ao mesmo tempo, notamos dentro do coração desejos grandes, nobres, limpos, e há uma luta.

— Se tu, com a graça do Senhor, puseres em prática os meios ascéticos: a busca da presença de Deus, a mortificação — não te assustes: a penitência —, irás para a frente, terás paz e alcançarás a vitória.

412 A guarda do coração. — Assim rezava aquele sacerdote: "Jesus, que o meu pobre coração seja horto selado; que o meu pobre coração seja um paraíso, onde vivas Tu; que o meu Anjo da Guarda o guarde com espada de fogo, e com ela purifique todos os afetos antes de entrarem em mim; Jesus, com o divino selo da tua Cruz, sela o meu pobre coração".

413 Vida limpa, com valentia!, cada um no seu estado de vida: é preciso saber dizer "não", pelo grande Amor, com maiúscula.

414 Há um ditado muito claro: "Entre santa e santo, parede de cal e canto".
— Temos de guardar o coração e os sentidos, afastando-nos sempre da ocasião. É preciso evitar a paixão, por santa que pareça!

415 Meu Deus! Encontro graça e beleza em tudo o que vejo: guardarei a vista a toda a hora, por Amor.

416 Tu, cristão, e, por seres cristão, filho de Deus, deves sentir a grave responsabilidade de corresponder às misericórdias que recebeste do

Senhor com uma atitude de vigilante e amorosa firmeza, para que nada nem ninguém possa diluir os traços peculiares do Amor que Ele imprimiu na tua alma.

417 Chegaste a uma grande intimidade com este nosso Deus, que está tão perto de ti, tão dentro da tua alma... Mas procuras que aumente, que se torne mais profunda? Evitas que se intrometam pequenezes que possam turvar essa amizade?

— Sê corajoso! Não te recuses a cortar tudo aquilo que, mesmo levemente, possa causar dor a Quem tanto te ama.

418 A vida de Jesus Cristo, se Lhe somos fiéis, repete-se de alguma maneira na de cada um de nós, tanto no seu processo interno — na santificação —, como na conduta externa.

— Agradece-Lhe a sua bondade.

419 Parece-me muito oportuno que manifestes com frequência ao Senhor um desejo ardente, grande, de ser santo, ainda que te vejas cheio de misérias...

— Tens de fazê-lo, precisamente por isso!

420 Tu, que viste claramente a tua condição de filho de Deus, mesmo que já não tornes a vê-la – não há de acontecer! –, deves continuar adiante no teu caminho, para sempre, por sentido de fidelidade, sem olhar para trás.

421 Propósito: ser fiel – heroicamente fiel e sem desculpas – ao horário, na vida ordinária e na extraordinária.

422 Deves ter pensado alguma vez, com santa inveja, no Apóstolo adolescente, João, «quem diligebat Iesus» – a quem Jesus amava.
– Não gostarias de merecer que te chamassem "aquele que ama a Vontade de Deus"? Emprega os meios para isso, dia após dia.

423 Deves ter esta certeza: o desejo – com obras! – de te comportares como bom filho de Deus dá juventude, serenidade, alegria e paz permanentes.

424 Se voltares a abandonar-te nas mãos de Deus, receberás, do Espírito Santo, luzes no entendimento e vigor na vontade.

425 Escuta dos lábios de Jesus a parábola que São João relata no seu Evangelho: «Ego sum vitis, vos palmites» – Eu sou a videira; vós, os ramos.

Já tens na imaginação, no entendimento, a parábola inteira. E vês que um ramo separado da cepa, da videira, não serve para nada, não se encherá de fruto, correrá a sorte de uma vara seca, que será pisada pelos homens ou pelos animais, ou que será lançada ao fogo...

– Tu és o ramo: deduz todas as consequências.

426 Hoje voltei a rezar cheio de confiança, com esta súplica: – Senhor, que não nos inquietem as nossas misérias passadas, já perdoadas, nem tampouco a possibilidade de misérias futuras; que nos abandonemos nas tuas mãos misericordiosas; que levemos à tua presença os desejos de santidade e apostolado que latejam dentro de nós como brasas sob as cinzas de uma aparente frieza...

– Senhor, sei que nos escutas. Diz-Lhe isso tu também.

427 Ao abrires a tua alma, sê sincero! E, sem dourar a pílula – coisa que às vezes é infantilismo –, fala.

Depois, com docilidade, continua em frente: serás mais santo, mais feliz.

428 Não procures consolos fora de Deus. Olha o que escrevia aquele sacerdote: "Nada de desafogar o coração, sem necessidade, com nenhum outro amigo!"

429 Alcança-se a santidade com o auxílio do Espírito Santo – que vem morar em nossas almas –, mediante a graça que nos é concedida nos sacramentos, e com uma luta ascética constante.

Meu filho, não nos iludamos: tu e eu – não me cansarei de repeti-lo – teremos de combater sempre, sempre, até o fim da nossa vida. Assim amaremos a paz, e daremos a paz, e receberemos o prêmio eterno.

430 Não te limites a falar ao Paráclito: escuta-O!

Na tua oração, considera que a vida de infância, ao fazer-te descobrir com profundidade que és filho de Deus, te encheu de amor filial ao Pai; pensa que, antes disso, foste por Maria a Jesus, a quem adoras como amigo, como irmão, como Aquele que amas...

Depois, ao receberes este conselho, compreendeste que até agora sabias que o Espírito Santo habitava na tua alma, para santificá-la..., mas não tinhas "compreendido" a verdade da sua presença. Foi precisa essa sugestão: agora sentes o Amor dentro de ti; e queres chegar ao trato íntimo com Ele, ser seu amigo, seu confidente..., facilitar-Lhe o trabalho de tirar arestas, de arrancar, de prender fogo...

Não saberei fazê-lo!, pensavas. – Escuta-O, insisto. Ele te dará forças, Ele fará tudo, se tu quiseres..., como sem dúvida queres!

Reza-lhe assim: – Divino Hóspede, Mestre, Luz, Guia, Amor: que eu saiba acolher-te, e escutar as tuas lições, e inflamar-me, e seguir-te, e amar-te.

431 Para te aproximares de Deus, para voares até Deus, necessitas das asas fortes e generosas da Oração e da Expiação.

432 Para evitares a rotina nas orações vocais, procura recitá-las com o mesmo amor com que o apaixonado fala pela primeira vez..., e como se fosse a última ocasião em que pudesses dirigir-te ao Senhor.

433 Se estás orgulhoso de ser filho de Santa Maria, pergunta-te: – Quantas manifestações de devoção a Nossa Senhora tenho durante o dia, da manhã até à noite?

434 Há duas razões, entre outras – dizia de si para si aquele amigo –, para que desagrave a minha Mãe Imaculada todos os sábados e nas vésperas das suas festas.

– A segunda é que, em vez de dedicarem à oração os domingos e as festas de Nossa Senhora (que costumam ser festas nos vilarejos), as pessoas os dedicam – basta abrir os olhos e ver – a ofender o nosso Jesus com pecados públicos e crimes escandalosos.

– A primeira: que os que queremos ser bons filhos não vivemos com a devida atenção, talvez empurrados por satanás, esses dias dedicados ao Senhor e à sua Mãe.

– Já percebes que, infelizmente, essas razões continuam a ser muito atuais, para que também nós desagravemos.

435 Sempre entendi a oração do cristão como uma conversa amorosa com Jesus, que não deve ser interrompida nem mesmo nos momentos em que estamos fisicamente longe do

Sacrário, porque toda a nossa vida está feita de canções de amor humano dirigidas a Deus..., e amar é coisa que podemos fazer sempre.

436 É tanto o Amor de Deus pelas suas criaturas, e deveria ser tanta a nossa correspondência que, durante a celebração da Santa Missa, os relógios deveriam parar.

437 Os ramos, unidos à videira, amadurecem e dão frutos.

— Que havemos de fazer tu e eu? Estar muito unidos, por meio do Pão e da Palavra, a Jesus, que é a nossa videira..., dizendo-Lhe palavras de carinho ao longo de todo o dia. Os apaixonados fazem assim.

438 Ama muito o Senhor. Guarda na tua alma — e fomenta — a urgência de querer-Lhe. Ama a Deus, precisamente agora, quando talvez bastantes dos que O têm em suas mãos não O amam, O maltratam e não cuidam dEle.

Trata muito bem o Senhor, na Santa Missa e durante o dia todo!

439 A oração é a arma mais poderosa do cristão. A oração faz-nos eficazes. A oração faz-nos felizes. A oração dá-nos toda a força necessária para cumprirmos os preceitos de Deus.

— Sim! Toda a tua vida pode e deve ser oração.

440 A santidade pessoal não é uma abstração, mas uma realidade precisa, divina e humana, que se manifesta constantemente em obras diárias de Amor.

441 O espírito de oração, que anima a vida inteira de Jesus Cristo entre os homens, nos ensina que todas as obras — grandes e pequenas — têm de ser precedidas, acompanhadas e seguidas de oração.

442 Contempla e vive a Paixão de Cristo juntamente com Ele: expõe — com frequência quotidiana — as tuas costas, quando O açoitam; oferece a tua cabeça à coroa de espinhos.

— Na minha terra dizem: "Amor com amor se paga".

443 Quem ama não perde um detalhe. Tenho-o visto em tantas almas! Essas minúcias são uma coisa muito grande: Amor!

444 Tens de amar a Deus por aqueles que não O amam: tens de fazer carne da tua carne este espírito de desagravo e reparação.

445 Se em alguma ocasião a luta interior se torna mais difícil, será o bom momento de mostrar que o nosso Amor é de verdade.

446 Tens a certeza de que foi Deus quem te fez ver, claramente, que deves voltar às ninharias mais pueris da tua antiga vida interior; e perseverar durante meses, e até anos, nessas insignificâncias heroicas (a sensibilidade, tantas vezes adormecida para o bem, não conta), com a tua vontade talvez fria, mas decidida a cumpri--las por Amor.

447 Persevera, voluntariamente e com amor – mesmo que estejas seco –, na tua vida de piedade. E não te importes se te surpreendes contando os minutos ou os dias que faltam para terminares essa norma de piedade ou esse trabalho, com o turvo regozijo que põe, em semelhante operação, o rapaz mau estudante, que sonha com o fim das aulas; ou o pequeno delinquente, que espera voltar às suas malandragens quando lhe abrirem as portas da prisão.

Persevera – insisto – com vontade eficaz e atual, sem deixar nem por um instante de querer cumprir e aproveitar esses meios de piedade.

448 Vive a tua fé, alegre, grudado a Cristo. Ama-O de verdade – de verdade, de verdade! –, e assim serás protagonista da grande Aventura do Amor, porque estarás cada dia mais apaixonado.

449 Diz devagar ao Mestre: – Senhor, só quero servir-te! Só quero cumprir os meus deveres, e amar-te com alma enamorada! Faz-me sentir o teu passo firme ao meu lado. Sê Tu o meu único apoio.

– Diz-Lhe isso devagar..., e dize-o de verdade!

450 Tens necessidade de vida interior e de formação doutrinal. Sê exigente contigo! Tu – cavalheiro cristão, mulher cristã – deves ser sal da terra e luz do mundo, porque tens obrigação de dar exemplo com uma santa desvergonha.

– Há de urgir-te a caridade de Cristo e, ao te sentires e saberes outro Cristo desde o momento em que Lhe disseste que O seguias, não te separarás dos teus iguais – parentes, amigos, colegas –, tal como o sal não se separa do alimento que condimenta.

A tua vida interior e a tua formação abrangem a piedade e o critério que deve ter um filho de Deus, para temperar tudo com a sua presença ativa.

Pede ao Senhor que sejas sempre esse bom condimento na vida dos outros.

451 Nós, os cristãos, viemos recolher, com espírito de juventude, o tesouro do Evangelho – que é sempre novo –, para fazê-lo chegar a todos os cantos da terra.

452 Precisas imitar Jesus Cristo, e dá-Lo a conhecer com a tua conduta. Não esqueças que Cristo assumiu a nossa natureza para introduzir todos os homens na vida divina, de modo que – unindo-nos a Ele – vivamos individual e socialmente os mandamentos do Céu.

453 Tu, pela tua condição de cristão, não podes viver de costas para nenhuma inquietação, para nenhuma necessidade dos teus irmãos, os homens.

454 Com quanta insistência o Apóstolo São João pregava o «mandatum novum»! – "Que vos ameis uns aos outros!"

– Eu me poria de joelhos, sem fazer teatro – assim me grita o coração –, para vos pedir por amor de Deus que vos ameis, que vos ajudeis, que estendais a mão uns aos outros, que saibais perdoar-vos.

– Portanto, vamos banir o orgulho, ser compassivos, ter caridade; vamos prestar uns aos outros o auxílio da oração e da amizade sincera.

455 Só serás bom se souberes ver as coisas boas e as virtudes dos outros.

– Por isso, quando tiveres de corrigir, faze-o com caridade, no momento oportuno, sem humilhar... e com vontade de aprender e de melhorares tu mesmo naquilo que corriges.

456 Tens de amar e praticar a caridade, sem limites e sem discriminações, porque é a virtude que caracteriza os discípulos do Mestre.

– Não obstante, essa caridade não pode levar-te – deixaria de ser virtude – a amortecer a fé, a tirar-lhe as arestas que a definem, a dulcificá-la até convertê-la, como pretendem alguns, em algo de amorfo que não tem a força e o poder de Deus.

457 Tens de conviver, tens de compreender, tens de ser irmão dos teus irmãos, os homens, tens de pôr amor – como diz o místico castelhano – onde não há amor, para colher amor.

458 A crítica, quando tiveres de fazê-la, deve ser positiva, com espírito de colaboração, construtiva, e nunca às escondidas do interessado.
– Caso contrário, é uma traição, uma murmuração, uma difamação, talvez uma calúnia... e, sempre, uma falta de hombridade.

459 Quando vires que a glória de Deus e o bem da Igreja exigem que fales, não te cales.
– Pensa nisto: quem não seria valente se estivesse cara a cara com Deus, com a eternidade diante de si? Não há nada a perder e, pelo contrário, muito a ganhar. Então, por que não te atreves?

460 Não somos bons irmãos dos nossos irmãos, os homens, se não estamos dispostos a

manter uma conduta reta, mesmo que as pessoas que nos rodeiam interpretem mal a nossa atuação e reajam de um modo desagradável.

461 O teu amor e o teu serviço à Igreja Santa não podem estar condicionados pela maior ou menor santidade pessoal dos que a compõem, ainda que desejemos ardentemente a perfeição cristã em todos.
— Tens de amar a Esposa de Cristo, tua Mãe, que está — e estará sempre — limpa e sem mancha.

462 O trabalho da nossa santificação pessoal repercute na santidade de muitas almas e na da Igreja de Deus.

463 Convence-te! Se quiseres — como Deus te ouve, te ama, te promete a glória —, tu, protegido pela mão onipotente de teu Pai do Céu, podes ser uma pessoa cheia de fortaleza, disposta a dar testemunho em toda a parte da sua amável doutrina verdadeira.

464 O campo do Senhor é fértil e boa a sua semente. Por isso, quando neste nosso mundo

aparece o joio, não duvides: houve falta de correspondência por parte dos homens, dos cristãos especialmente, que adormeceram e deixaram o terreno aberto ao inimigo.

— Não te lamentes, que é estéril; em contrapartida, examina a tua conduta.

465 Far-te-á pensar, também a ti, este comentário que me doeu muito: "Vejo com clareza que a falta de resistência às leis infames, ou a ineficácia dessa resistência, é porque em cima, em baixo e no meio há muitos – mas muitos! – que se aburguesaram".

466 Os inimigos de Deus e da sua Igreja, manipulados pelo ódio imperecível de satanás, mexem-se e organizam-se sem tréguas.

Com uma constância "exemplar", preparam os seus quadros, mantêm escolas, dirigentes e agitadores, e, com uma ação dissimulada – mas eficaz –, propagam as suas ideias e levam – aos lares e aos lugares de trabalho – a sua semente destruidora de toda a ideologia religiosa.

— O que não deveremos fazer nós, os cristãos, para servir o nosso Deus, sempre com a verdade?

467 Não confundas a serenidade com a preguiça, com o desleixo, com o atraso nas decisões ou no estudo dos assuntos.

A serenidade complementa-se sempre com a diligência, virtude necessária para considerar e resolver, sem demora, as questões pendentes.

468 – Filho, onde está o Cristo que as almas buscam em ti? Na tua soberba? Nos teus desejos de impor-te aos outros? Nessas mesquinhezes de caráter que não queres vencer? Nessa caturrice?... Está aí Cristo? – Não!!

– De acordo: deves ter personalidade, mas a tua personalidade tem de procurar identificar-se com Cristo.

469 Proponho-te uma boa norma de conduta para viveres a fraternidade, o espírito de serviço: que, quando faltares, os outros possam levar para a frente a tarefa que tens entre mãos, pela experiência que generosamente lhes tenhas transmitido, sem te fazeres imprescindível.

470 Recai sobre ti – apesar das tuas paixões – a responsabilidade pela santidade, pela vida cristã e pela eficácia dos outros. ▷

Não és uma peça isolada. Se páras, quantos podes deter ou prejudicar!

471 Pensa na tua Mãe, a Igreja Santa, e considera que, se um membro se ressente, todo o corpo se ressente.

– O teu corpo necessita de cada um dos membros, mas cada um dos membros necessita do corpo inteiro. – Ai se a minha mão deixasse de cumprir o seu dever..., ou se o coração deixasse de bater!

472 Viste-o claramente: há tanta gente que não O conhece e, no entanto, Deus pôs os olhos em ti. Ele quer que sejas alicerce, silhar, em que se apoie a vida da Igreja.

Medita nesta realidade, e tirarás muitas consequências práticas para a tua conduta habitual: o alicerce, o silhar – talvez sem brilhar, oculto – tem que ser sólido, sem fragilidades; tem que servir de base para a sustentação do edifício... Senão, fica isolado.

473 Uma vez que te sentes alicerce escolhido por Deus para corredimir – não te esqueças de que és... miséria e miséria –, a tua humildade te há de levar a colocar-te debaixo dos pés –

ao serviço – de todos. – Assim estão os alicerces dos edifícios.

Mas o alicerce deve ter fortaleza, que é virtude indispensável em quem há de sustentar ou impulsionar outros.

– Jesus – dize-o com força –, que nunca, por falsa humildade, eu deixe de praticar a virtude cardeal da fortaleza. Concede-me, meu Deus, que eu possa distinguir o ouro da escória.

474 Mãe nossa, Esperança nossa! Como estamos seguros, pegadinhos a ti, ainda que tudo cambaleie!

RESSURGIR

475 Sentes a necessidade de converter-te: Ele te pede mais... e tu cada dia Lhe dás menos!

476 Realmente, para cada um de nós, como para Lázaro, foi um «veni foras» – sai cá para fora – o que nos pôs em movimento.
— Que pena dão aqueles que ainda estão mortos, e não conhecem o poder da misericórdia de Deus!
— Renova a tua alegria santa porque, diante do homem que se desintegra sem Cristo, ergue-se o homem que ressuscitou com Ele.

477 Os afetos da terra, mesmo quando não são concupiscência suja e seca, envolvem geralmente algum egoísmo.
Por isso, sem desprezares esses afetos –

que podem ser muito santos –, retifica sempre a intenção.

478 Não procures que se compadeçam de ti: muitas vezes, é sinal de orgulho ou de vaidade.

479 Quando falares das virtudes teologais – da fé, da esperança, do amor –, pensa que, mais do que para teorizar, são virtudes para viver.

480 Há alguma coisa na tua vida que não corresponda à tua condição de cristão e que te leve a não quereres purificar-te?
– Examina-te e muda.

481 Observa a tua conduta com vagar. Verás que estás cheio de erros, que te prejudicam a ti e talvez também os que te rodeiam.
– Lembra-te, filho, de que não são menos importantes os micróbios do que as feras. E tu cultivas esses erros, esses desacertos – como se cultivam os micróbios no laboratório –, com a tua falta de humildade, com a tua falta de oração, com a tua falta de cumprimento do dever, com a tua falta de conhecimento próprio... E, depois, esses focos infectam o ambiente.
– Precisas de um bom exame de consciên-

cia diário, que te leve a propósitos concretos de melhora, por sentires verdadeira dor das tuas faltas, das tuas omissões e pecados.

482 Deus Onipotente, Todo-Poderoso, Sapientíssimo, tinha que escolher a sua Mãe.

Tu, que terias feito, se tivesses tido de escolhê-la? Penso que tu e eu teríamos escolhido a que temos – cumulando-a de todas as graças. Foi isso o que Deus fez. Portanto, depois da Santíssima Trindade, vem Maria.

– Os teólogos estabelecem um raciocínio lógico para esse cúmulo de graças, para essa impossibilidade de estar sujeita a satanás: convinha, Deus podia fazê-lo, logo o fez. É a grande prova, a prova mais clara de que Deus rodeou a sua Mãe de todos os privilégios, desde o primeiro instante. E assim é: formosa, e pura, e limpa na alma e no corpo!

483 Esperas a vitória, o fim do combate... e não chega?

– Dá graças ao Senhor, como se já tivesses alcançado essa meta, e oferece-Lhe as tuas impaciências: «Vir fidelis loquetur victoriam» – a pessoa fiel cantará a alegria da vitória.

484 Há momentos em que – privado daquela união com o Senhor, que te dava uma oração contínua, mesmo dormindo –, parece que entras num braço-de-ferro com a Vontade de Deus.

– Isso é fraqueza, bem o sabes: ama a Cruz; ama a falta de tantas coisas que todos julgam necessárias; e os obstáculos para empreenderes... ou continuares o caminho; e a tua própria pequenez e a tua miséria espiritual.

– Oferece – com um querer eficaz – as tuas coisas e as dos teus: visto humanamente, isso não é pouco; com luzes sobrenaturais, é nada.

485 Houve ocasiões em que alguém me disse: – Padre, sinto-me cansado e frio; quando rezo ou cumpro alguma norma de piedade, parece-me estar representando uma comédia...

A esse amigo e a ti, se te encontras na mesma situação, respondo-vos: – Uma comédia? Grande coisa, meu filho! Representa a comédia! O Senhor é teu espectador: o Pai, o Filho, o Espírito Santo!; a Trindade Santíssima estar-nos-á contemplando, nesses momentos em que "representamos a comédia".

– Atuar assim diante de Deus, por amor, para agradar-Lhe, quando se vive a contragosto, como é bonito! Ser jogral de Deus! Que maravilhoso é esse recital feito por Amor, com sacrifício, sem nenhuma satisfação pessoal, para dar gosto ao nosso Senhor!

— Isso, sim, é viver de Amor.

486 Um coração que ame desordenadamente as coisas da terra está como que preso por uma corrente, ou por um "fiozinho sutil", que o impede de voar para Deus.

487 "Vigiai e orai, para não cairdes em tentação..." É impressionante a experiência de ver como se pode abandonar uma tarefa divina — por uma miragem passageira!

488 O apóstolo tíbio: esse é o grande inimigo das almas.

489 Prova evidente de tibieza é a falta de "teimosia" sobrenatural, de fortaleza para perseverar no trabalho e não parar até colocar a "última pedra".

490 Há corações duros, mas nobres, que — ao se aproximarem do calor do Coração de Cristo — se derretem como o bronze em lágrimas de amor, de desagravo. Inflamam-se!

Pelo contrário, os tíbios têm o coração de barro, de carne miserável..., e racham. São pó. Dão pena.

Diz comigo: – Jesus nosso, longe de nós a tibieza! Tíbios, não!

491 Toda a bondade, toda a formosura, toda a majestade, toda a beleza, toda a graça adornam a nossa Mãe. – Não te enamora ter uma Mãe assim?

492 Somos os enamorados do Amor. Por isso, o Senhor não nos quer secos, rígidos, como uma coisa sem vida: Ele nos quer impregnados do seu carinho!

493 Vê se entendes esta aparente contradição. – Ao fazer trinta anos, aquele homem escreveu no seu diário: "Já não sou jovem". – E, passados os quarenta, voltou a anotar: "Permanecerei jovem até chegar a octogenário; se morrer antes, pensarei que fracassei".

– Apesar dos anos, andava sempre com a juventude madura do amor.

494 Como entendo bem a pergunta que fazia a si própria aquela alma enamorada de Deus: –

Houve algum trejeito de desgosto, houve em mim alguma coisa que te pudesse a Ti, Senhor, meu Amor, doer?

— Pede a teu Pai-Deus que nos conceda essa exigência constante de amor.

495 Viste com que afeto, com que confiança os amigos de Cristo O tratavam? Com toda a naturalidade, as irmãs de Lázaro lançam-Lhe em rosto a sua ausência: — Nós te avisamos! Se tivesses estado aqui!...

— Confia-Lhe devagar: — Ensina-me a tratar-te com aquele amor de amizade de Marta, de Maria e de Lázaro; como te tratavam também os primeiros Doze, ainda que a princípio te seguissem talvez por motivos não muito sobrenaturais.

496 Como gosto de contemplar João, que reclina a cabeça sobre o peito de Cristo! — É como render amorosamente a inteligência, ainda que custe, para fazê-la arder no fogo do Coração de Jesus.

497 Deus me ama... E o Apóstolo João escreve: "Amemos, pois, a Deus, porque Deus nos amou primeiro". – Como se fosse pouco, Jesus dirige-se a cada um de nós, apesar das nossas inegáveis misérias, para nos perguntar como a Pedro: "Simão, filho de João, tu me amas mais do que estes?"...

– É o momento de responder: "Senhor, Tu sabes tudo, Tu sabes que eu te amo!", acrescentando com humildade: – Ajuda-me a amar-te mais, aumenta o meu amor!

498 "Obras é que são amores, não as boas razões". Obras, obras! – Propósito: continuarei a dizer-te muitas vezes que te amo – quantas não te terei repetido hoje! –; mas, com a tua graça, será sobretudo a minha conduta, serão as bagatelas de cada dia que – com eloquência muda – hão de clamar diante de Ti, mostrando-te o meu amor.

499 Nós, os homens, não sabemos ter com Jesus as suaves delicadezas que uns pobres homens rudes, mas cristãos, têm diariamente com uma infeliz criaturinha – a mulher, o filho, o amigo –, pobre também como eles.

Esta realidade deveria servir-nos de revulsivo.

500 É tão atraente e tão sugestivo o Amor de Deus, que o seu crescimento na vida de um cristão não tem limites.

501 Não podes comportar-te como uma criança travessa ou como um louco.
— Tens de ser pessoa forte, filho de Deus: sereno no teu trabalho profissional e na tua vida de relação, com uma presença do Senhor que te faça esmerar-te até nos menores detalhes.

502 Se se faz justiça a seco, é possível que as pessoas se sintam feridas.
— Portanto, deves agir sempre por amor a Deus, que a essa justiça acrescentará o bálsamo do amor ao próximo; e que purifica e limpa o amor terreno.
Quando Deus está de permeio, tudo se sobrenaturaliza.

503 Ama apaixonadamente o Senhor. Ama-O com loucura! Porque, se há amor — e só então! —, atrevo-me a afirmar que nem sequer são precisos propósitos. Os meus pais — pensa nos teus — não precisavam fazer nenhum propósito de amar-me, e que profusão de pormenores quotidianos de carinho tinham comigo!

Com esse coração humano, podemos e devemos amar a Deus.

504 O amor é sacrifício; e o sacrifício, por Amor, júbilo.

505 Responde a ti mesmo: – Quantas vezes por dia a tua vontade te pede que ponhas o coração em Deus, para que Lhe entregues os teus afetos e as tuas obras?

Boa medida para verificares a intensidade e a qualidade do teu amor.

506 Convence-te, filho, de que Deus tem o direito de nos dizer: – Pensas em Mim? Tens-me presente? Procuras-me como teu apoio? Procuras-me como Luz da tua vida, como couraça..., como tudo?

– Portanto, reafirma-te neste propósito: nas horas que a gente da terra considera boas, clamarei: Senhor! Nas horas que chama de más, repetirei: Senhor!

507 Não percas nunca o sentido do sobrenatural. Ainda que vejas em toda a sua crueza as tuas próprias misérias, as tuas más inclinações – o barro de que estás feito –, Deus conta contigo.

508 Tens de viver, como os outros que te rodeiam, com naturalidade, mas sobrenaturalizando cada instante do teu dia.

509 Para se poder julgar com retidão de intenção, é necessário ter um coração limpo, zelo pelas coisas de Deus e amor às almas, sem preconceitos.
— Pensa bem nisto!

510 Ouvi falar a uns conhecidos dos seus aparelhos de rádio. Quase sem perceber, levei o assunto ao terreno espiritual: temos muito fio-terra, demasiado, e esquecemos a antena da vida interior...
— Esta é a causa de que sejam tão poucas as almas que mantêm um trato íntimo com Deus: oxalá nunca nos falte a antena do sobrenatural.

511 Minúcias e trivialidades às quais nada devo, das quais nada espero, ocupam a minha atenção mais do que o meu Deus? Com quem estou, quando não estou com Deus?

512 Diz-Lhe: – Senhor, nada quero além do que Tu quiseres. Não me dês nem mesmo aquilo que te venho pedindo nestes dias, se me afasta um milímetro da tua Vontade.

513 O segredo da eficácia reside em seres piedoso, sinceramente piedoso: assim, todo o teu dia transcorrerá com Ele.

514 Propósito: "frequentar", se possível sem interrupção, a amizade e o trato amoroso e dócil com o Espírito Santo. – «Veni, Sancte Spiritus...!» – Vem, Espírito Santo, morar na minha alma!

515 Repete de todo o coração e sempre com mais amor, mais ainda quando estiveres perto do Sacrário ou tiveres o Senhor dentro do teu peito: «Non est qui se abscondat a calore eius» – que eu não te evite, que me invada o fogo do teu Espírito.

516 «Ure igne Sancti Spiritus!» – queima-me com o fogo do teu Espírito!, clamas. E

acrescentas: — É necessário que a minha pobre alma recomece quanto antes o voo..., e que não deixe de voar até descansar nEle!

— Acho ótimos os teus desejos. Vou pedir muito ao Paráclito por ti; vou invocá-Lo continuamente, para que se instale no centro do teu ser e presida e dê tom sobrenatural a todas as tuas ações, palavras, pensamentos e anseios.

517 Ao celebrares a festa da Exaltação da Santa Cruz, suplicaste ao Senhor, com todas as veras da tua alma, que te concedesse a sua graça para "exaltares" a Cruz Santa nas tuas potências e nos teus sentidos... Uma vida nova! Um cunho para dares firmeza à autenticidade da tua mensagem..., todo o teu ser na Cruz!

— Veremos, veremos.

518 A mortificação deve ser contínua, como o bater do coração: assim teremos domínio sobre nós mesmos, e viveremos com os outros a caridade de Jesus Cristo.

519 Amar a Cruz é saber sacrificar-se com gosto por amor de Cristo, ainda que custe e porque custa...: não te falta a experiência de que as duas coisas são compatíveis.

520 A alegria cristã não é fisiológica: o seu fundamento é sobrenatural, e está acima da doença e da contradição.

— Alegria não é alvoroço de guizos ou de baile popular.

A verdadeira alegria é algo mais íntimo: algo que nos faz estar serenos, transbordantes de júbilo, ainda que às vezes o rosto permaneça severo.

521 Escrevia-te: — Embora compreenda que é um modo normal de falar, sinto desagrado quando ouço chamar cruzes às contrariedades nascidas da soberba da pessoa. Esses fardos não são a Cruz, a verdadeira Cruz, porque não são a Cruz de Cristo.

Luta, pois, contra essas adversidades inventadas, que nada têm a ver com o cunho de Cristo: desprende-te de todos os disfarces do eu!

522 Mesmo nos dias em que parece que perdemos o tempo, há, na prosa dos mil pequenos detalhes diários, poesia mais do que suficiente para nos sentirmos na Cruz: numa Cruz sem espetáculo.

523 Não ponhas o coração em nada de caduco: imita Cristo, que se fez pobre por nós e não tinha onde reclinar a cabeça.

– Pede-Lhe que te conceda, no meio do mundo, um efetivo desprendimento, sem atenuantes.

524 Um sinal claro de desprendimento é não considerar – de verdade – coisa alguma como própria.

525 Aquele que vive sinceramente a fé, sabe que os bens temporais são meios, e emprega-os com generosidade, de modo heroico.

526 Cristo ressuscitado, glorioso, despojou-se de tudo o que é terreno, para que nós, seus irmãos os homens, pensássemos de que coisas temos que despojar-nos.

527 É preciso amar a Santíssima Virgem: nunca a amaremos bastante!

– Ama-a muito! – Que não te baste colocar imagens suas, e saudá-las, e dizer jaculatórias, mas que saibas oferecer-lhe – na tua vida cheia de fortaleza – algum pequeno sacrifício cada dia, para manifestar-lhe o teu amor, e o amor que queremos que lhe dedique a humanidade inteira.

528 Esta é a verdade do cristão: entrega e amor – amor a Deus e, por Ele, ao próximo –, fundamentados no sacrifício.

529 Jesus, eu me ponho confiadamente nos teus braços, escondida a minha cabeça no teu peito amoroso, pegado o meu coração ao teu Coração: quero, em tudo, o que Tu queiras.

530 Hoje, que o ambiente está cheio de desobediência, de murmuração, de bisbilhotice, de intrigas, temos que amar mais do que nunca a obediência, a sinceridade, a lealdade, a simplicidade – e tudo isso com sentido sobrenatural, que nos fará mais humanos.

531 Dizes-me que sim, que estás firmemente decidido a seguir Cristo.
— Pois então tens de caminhar ao passo de Deus; não ao teu!

532 Perguntas-me qual é o fundamento da nossa fidelidade.
— Dir-te-ia a traços largos que se baseia no

amor de Deus, que faz vencer todos os obstáculos: o egoísmo, a soberba, o cansaço, a impaciência...

— Um homem que ama espezinha-se a si próprio; está consciente de que, mesmo que ame com toda a sua alma, ainda não sabe amar bastante.

533 Diziam-me — e copio porque é muito bonito — que assim falava uma freirinha aragonesa, agradecida à bondade paternal de Deus: "Como Ele é «agudo»! Não Lhe escapa nada".

534 Tu — como todos os filhos de Deus — precisas também da oração pessoal: dessa intimidade, desse trato direto com Nosso Senhor — diálogo a dois, cara a cara —, sem te esconderes no anonimato.

535 A primeira condição da oração é a perseverança; a segunda, a humildade.

— Sê santamente teimoso, com confiança. Pensa que o Senhor, quando Lhe pedimos alguma coisa importante, talvez queira a súplica de muitos anos. Insiste!..., mas insiste sempre com mais confiança.

536 Persevera na oração, como aconselha o Mestre. Esse ponto de partida será a origem da tua paz, da tua alegria, da tua serenidade e, portanto, da tua eficácia sobrenatural e humana.

537 Num lugar onde se conversava e se ouvia música, surgiu a oração na tua alma, com um consolo inexplicável. Acabaste dizendo: – Jesus, não quero o consolo, quero-te a ti.

538 A tua vida tem de ser oração constante, diálogo contínuo com o Senhor: perante o agradável e o desagradável, perante o fácil e o difícil, perante o ordinário e o extraordinário...

Em todas as ocasiões, tem de vir à tua cabeça, imediatamente, a conversa com teu Pai-Deus, procurando-O no centro da tua alma.

539 Recolher-se em oração, em meditação, é tão fácil...! Jesus não nos faz esperar, não impõe ante-salas: é Ele quem espera.

Basta que Lhe digas: – Senhor, quero fazer oração, quero conversar contigo!, e já estás na presença de Deus, falando com Ele.

Como se fosse pouco, não te cerceia o tempo: deixa-o ao teu gosto. E isso, não durante dez minutos ou um quarto de hora. Não!, horas a fio, o dia inteiro! E Ele é quem é: o Onipotente, o Sapientíssimo.

540 Na vida interior, tal como no amor humano, é preciso ser perseverante.

Sim, tens de meditar muitas vezes os mesmos argumentos, insistindo até descobrires uma nova América.

– E como é que não tinha percebido isto antes, com esta clareza?, perguntar-te-ás surpreendido. – Simplesmente porque às vezes somos como as pedras, que deixam resvalar a água, sem absorver nem uma gota.

– Por isso, é necessário voltar a refletir sobre as mesmas coisas – que não são as mesmas! –, para nos empaparmos das bênçãos de Deus.

541 No Santo Sacrifício do altar, o sacerdote toma o Corpo do nosso Deus e o Cálice com o seu Sangue, e os levanta sobre todas as coisas da terra, dizendo: «Per Ipsum, et cum Ipso, et in Ipso» – pelo meu Amor!, com o meu Amor!, no meu Amor!

Une-te a esse gesto. Mais ainda: incorpora essa realidade à tua vida.

542 Conta o Evangelista que Jesus, depois de ter realizado o milagre, quando querem coroá-Lo rei, se esconde.

— Senhor, a ti que nos fazes participar do milagre da Eucaristia, nós te pedimos que não te escondas, que vivas conosco, que te vejamos, que te toquemos, que te sintamos, que queiramos estar sempre junto de ti, que sejas o Rei das nossas vidas e dos nossos trabalhos.

543 Procura conviver com as três Pessoas, com Deus Pai, com Deus Filho, com Deus Espírito Santo. E para chegares à Trindade Santíssima, passa por Maria.

544 Não tem fé "viva" aquele que não se entrega de modo atual a Jesus Cristo.

545 Todo o cristão deve procurar Cristo e conversar intimamente com Ele, para poder amá-Lo sempre mais. — Acontece como com o namoro: o trato é necessário, porque, se duas pessoas não se veem, não podem chegar a querer-se. E a nossa vida é de Amor.

546 Detém-te a considerar a ira santa do Mestre, quando vê que, no Templo de Jerusalém, maltratam as coisas de seu Pai.

— Que lição, para que nunca fiques indiferente, nem sejas covarde, quando não tratam respeitosamente o que é de Deus!

547 Enamora-te da Santíssima Humanidade de Cristo.

— Não te dá alegria que Ele tenha querido ser como nós? Agradece a Jesus esse cúmulo de bondade!

548 Chegou o Advento. Que bom tempo para remoçar o desejo, a nostalgia, as ânsias sinceras pela vinda de Cristo!, pela sua vinda quotidiana à tua alma na Eucaristia! — «Ecce veniet!» — está para chegar!, anima-nos a Igreja.

549 Natal. — Cantam: «Venite, venite...» — Vamos, que Ele já nasceu.

E depois de contemplar como Maria e José cuidam do Menino, atrevo-me a sugerir-te: olha-O de novo, olha-O sem descanso.

550 Ainda que nos doa — e peço a Deus que nos aumente essa dor —, tu e eu não somos alheios à morte de Cristo, porque os pecados dos homens foram as marteladas que O pregaram com pregos ao madeiro.

551 São José: não se pode amar a Jesus e a Maria sem amar o Santo Patriarca.

552 Olha quantos motivos para venerar São José e para aprender da sua vida: foi um varão forte na fé...; manteve a família – Jesus e Maria – com o seu trabalho esforçado...; velou pela pureza da Virgem, que era a sua Esposa...; e respeitou – amou! – a liberdade de Deus, que fez a escolha, não só da Virgem como Mãe, mas também dele como Esposo de Santa Maria.

553 São José, nosso Pai e Senhor, castíssimo, limpíssimo, tu que mereceste trazer Jesus Menino em teus braços, e lavá-Lo e abraçá-Lo: ensina-nos a tratar o nosso Deus, a ser limpos, dignos de ser outros Cristos.

E ajuda-nos a fazer e a ensinar, como Cristo, os caminhos divinos – ocultos e luminosos –, dizendo aos homens que podem ter continuamente, na terra, uma eficácia espiritual extraordinária.

554 Tens de amar muito São José, amá-lo com toda a tua alma, porque é a pessoa que, com Jesus, mais amou Santa Maria e quem mais privou com Deus: quem mais O amou, depois da nossa Mãe.

— Ele merece o teu carinho, e a ti convém-te cultivar o trato com ele, porque é Mestre de vida interior e pode muito diante do Senhor e diante da Mãe de Deus.

555 A Santíssima Virgem. Quem pode ser melhor Mestra de amor a Deus do que esta Rainha, do que esta Senhora, do que esta Mãe, que tem a relação mais íntima com a Trindade — Filha de Deus Pai, Mãe de Deus Filho, Esposa de Deus Espírito Santo —, e que é ao mesmo tempo Mãe nossa?

— Recorre pessoalmente à sua intercessão.

556 Chegarás a ser santo se tiveres caridade, se souberes fazer as coisas que agradem aos outros e que não sejam ofensa a Deus, ainda que a ti te custem.

557 São Paulo dá-nos uma receita de caridade fina: «Alter alterius onera portate et sic adimplebitis legem Christi» — levai uns as cargas dos outros, e assim cumprireis a lei de Cristo.

— Cumpre-se isto na tua vida?

558 Jesus Senhor Nosso amou tanto os homens que se encarnou, tomou a nossa natureza e viveu em contacto diário com pobres e ricos, com justos e pecadores, com jovens e velhos, com gentios e judeus.

Dialogou constantemente com todos: com os que Lhe queriam bem, e com os que só procuravam o modo de retorcer as suas palavras, para condená-Lo.

– Procura tu comportar-te como o Senhor.

559 O amor às almas, por Deus, faz-nos querer a todos, compreender, desculpar, perdoar...

Devemos ter um amor que cubra a multidão das deficiências das misérias humanas. Devemos ter uma caridade maravilhosa, «veritatem facientes in caritate», defendendo a verdade sem ferir.

560 Quando te falo do "bom exemplo", quero indicar-te também que tens de compreender e desculpar, que tens de encher o mundo de paz e de amor.

561 Pergunta-te com frequência: – Esmero-me em aprimorar a caridade com aqueles que convivem comigo?

562 Quando prego que é preciso fazer-se tapete onde os outros pisem macio, não pretendo dizer uma frase bonita: tem de ser uma realidade!

– É difícil, como é difícil a santidade; mas é fácil, porque – insisto – a santidade é acessível a todos.

563 No meio de tanto egoísmo, de tanta indiferença – cada um atrás das suas coisas! –, lembro-me daqueles burrinhos de madeira, fortes, robustos, trotando sobre uma mesa... – Um deles perdeu uma pata. Mas continuava em frente, porque se apoiava nos outros.

564 Nós, os católicos – ao defendermos e mantermos a verdade, sem transigências –, temos de esforçar-nos por criar um clima de caridade, de convivência, que afogue todos os ódios e rancores.

565 Num cristão, num filho de Deus, amizade e caridade formam uma só coisa: luz divina que dá calor.

566 A prática da correção fraterna – que tem raiz evangélica – é uma prova de carinho sobrenatural e de confiança.

Agradece-a quando a receberes, e não deixes de praticá-la com aqueles com quem convives.

567 Ao corrigir – porque se torna necessário e se quer cumprir com o dever –, é preciso contar com a dor alheia e com a dor própria.

Mas que essa realidade não te sirva nunca de desculpa para te omitires.

568 Situa-te muito perto da tua Mãe, a Santíssima Virgem. – Deves estar sempre unido a Deus: procura a união com Ele, junto da sua Mãe bendita.

569 Escuta-me bem: estar no mundo e ser do mundo não quer dizer ser mundano.

570 Tens de comportar-te como uma brasa incandescente, que pega fogo onde quer que esteja. Ou, pelo menos, procura elevar a temperatura espiritual dos que te rodeiam, levando-os a viver uma intensa vida cristã.

571 Deus quer que as suas obras, confiadas aos homens, vão para a frente à força de oração e de mortificação.

572 O fundamento de toda a nossa atividade como cidadãos – como cidadãos católicos – está numa intensa vida interior: em sermos, eficaz e realmente, homens e mulheres que fazem do seu dia um diálogo ininterrupto com Deus.

573 Quando estiveres com uma pessoa, tens de ver nela uma alma: uma alma que é preciso ajudar, que é preciso compreender, com quem é preciso conviver e que é preciso salvar.

574 Empenhas-te em andar sozinho, fazendo a tua própria vontade, guiado exclusivamente pelo teu próprio juízo... e, bem vês!, o fruto chama-se "infecundidade".

Filho, se não abates o teu juízo, se és soberbo, se te dedicas ao "teu" apostolado, trabalharás durante toda a noite – toda a tua vida será uma noite! –, e no fim amanhecerás com as redes vazias.

575 Pensar na Morte de Cristo traduz-se num convite a situar-nos perante os nossos afazeres quotidianos com absoluta sinceridade, e a tomar a sério a fé que professamos.

Tem de ser uma ocasião para aprofundar na profundidade do Amor de Deus, e assim podermos mostrá-lo aos homens com a palavra e com as obras.

576 Procura que na tua boca de cristão – que isso és e isso deves ser em todos os instantes – esteja a "imperiosa" palavra sobrenatural que mova, que incite, que seja a expressão da tua disposição vital comprometida.

577 Esconde-se um grande comodismo – e, por vezes, uma grande falta de responsabilidade – naqueles que, constituídos em autoridade, fogem da dor de corrigir, com a desculpa de evitar o sofrimento aos outros.

Talvez poupem desgostos nesta vida..., mas põem em risco a felicidade eterna – a própria e a dos outros – pelas suas omissões, que são verdadeiros pecados.

578 O santo, para a vida de muitos, é "incômodo". Mas isso não significa que tenha de ser insuportável.

– O seu zelo nunca deve ser amargo; a sua correção nunca deve ferir; o seu exemplo nunca deve ser uma bofetada moral, arrogante, na cara do próximo.

579   Aquele jovem sacerdote costumava dirigir-se a Jesus com as palavras dos Apóstolos: «Edissere nobis parabolam» – explica-nos a parábola. E acrescentava: – Mestre, mete em nossas almas a clara luz da tua doutrina, para que esta nunca falte nas nossas vidas e nas nossas ações..., e para que possamos dá-la aos outros.

– Dize-o tu também ao Senhor.

580   Deves ter sempre a coragem – que é humildade e serviço de Deus – de apresentar as verdades da fé tal como são, sem concessões nem ambiguidades.

581   Não é possível outra disposição num católico: defender "sempre" a autoridade do Papa; e estar "sempre" docilmente decidido a retificar a opinião, ante o Magistério da Igreja.

582   Há muito tempo, uma pessoa perguntou-me indiscretamente se os que seguimos a carreira sacerdotal temos aposentadoria, pensão, quando chegamos a velhos... Como não lhe respondesse, o importuno insistiu.

– Ocorreu-me então a resposta que, em meu entender, é irretorquível: – O sacerdócio – disse-lhe – não é uma carreira, é um apostolado!

– É assim que o sinto. E quis registrá-lo nestas notas para que – com a ajuda do Senhor – nunca nos esqueçamos da diferença.

583 Ter espírito católico implica que deve pesar sobre os nossos ombros a preocupação por toda a Igreja, não somente por esta parcela concreta ou aquela outra; e exige que a nossa oração se estenda de norte a sul, de leste a oeste, em súplica generosa.

Compreenderás assim a exclamação – a jaculatória – daquele amigo, perante o desamor de tantos para com a nossa Santa Mãe: – Dói-me a Igreja!

584 "Pesa sobre mim a solicitude por todas as igrejas", escrevia São Paulo; e esse suspiro do Apóstolo recorda a todos os cristãos – também a ti! – a responsabilidade de pormos aos pés da Esposa de Jesus Cristo, da Igreja Santa, o que somos e o que podemos, amando-a fidelissimamente, mesmo à custa dos bens, da honra e da vida.

585 Não te assustes – e, na medida em que possas, reage – ante essa conspiração do silêncio com que querem amordaçar a Igreja. Uns não deixam que se ouça a sua voz; outros não permitem que se contemple o exemplo dos que a pregam com as suas obras; outros apagam qualquer vestígio de boa doutrina...; e há tantas maiorias que não a suportam.

Não te assustes, repito, mas não te canses de servir de alto-falante aos ensinamentos do Magistério.

586 Deves fazer-te cada dia mais "romano", amar essa condição bendita que adorna os filhos da única e verdadeira Igreja, porque assim o quis Jesus Cristo.

587 A devoção a Nossa Senhora desperta nas almas cristãs o impulso sobrenatural de agirem como «domestici Dei» – como membros da família de Deus.

VITÓRIA

588 Imita a Virgem Santa: só o reconhecimento cabal do nosso nada pode tornar-nos preciosos aos olhos do Criador.

589 Estou persuadido de que João, o Apóstolo jovem, permanece ao lado de Cristo na Cruz porque a Mãe o arrasta: tanto pode o Amor de Nossa Senhora!

590 Não alcançaremos nunca a autêntica alegria sobrenatural e humana, o "verdadeiro" bom humor, se não imitarmos "de verdade" Jesus; se não formos, como Ele, humildes.

591 Dar-se sinceramente aos outros é de tal eficácia, que Deus o premia com uma humildade cheia de alegria.

592 A humilhação, o aniquilamento, o esconder-se e desaparecer devem ser totais, absolutos.

593 Humildade sincera: que poderá perturbar aquele que tem por deleite as injúrias, pois sabe que não merece outro tratamento?

594 Meu Jesus: o que é meu é teu, porque o que é teu é meu, e o que é meu, eu o abandono em Ti.

595 És capaz de passar por essas humilhações, que te pede o próprio Deus, em coisas que não têm importância, que não obscurecem a verdade? – Não? Então não amas a virtude da humildade!

596 A soberba estorva a caridade. – Tens de pedir diariamente ao Senhor – para ti e para todos – a virtude da humildade, porque a soberba aumenta com os anos, se não se corrige a tempo.

597 Pode haver coisa mais antipática do que uma criança bancando o homem? Que simpatia pode despertar no seu Deus um pobre homem –

uma criança – que assume ares de grande, inchado pela soberba, convencido do seu valor, fiado unicamente de si próprio?

598 É verdade que podes condenar-te. Estás bem convencido disso, pois no teu coração se encontram os germes de todas as maldades.

Mas, se te fizeres criança diante de Deus, esta circunstância te levará a unir-te a teu Pai-Deus e à tua Mãe Santa Maria. E, ao verem-te pequeno, São José e o teu Anjo da Guarda não te hão de desamparar.

– Tem fé, faz o que puderes – penitência e Amor! –, e o que faltar, Eles o acrescentarão.

599 Quanto custa viver a humildade!, porque – assim o afirma a sabedoria popular cristã – "a soberba morre vinte e quatro horas depois de a pessoa ter morrido".

Portanto, quando – ao contrário do que te diz quem recebeu graça especial de Deus para orientar a tua alma – pensares que tens razão, convence-te de que "não tens razão nenhuma".

600 Servir e dar formação às crianças; atender com carinho os doentes.

Para nos fazermos entender das almas simples, temos de humilhar a inteligência; para compreendermos os pobres doentes, temos de humilhar o coração.

E assim, postos de joelhos o entendimento e a carne, é fácil chegarmos a Jesus, pelo caminho seguro da miséria humana, da miséria própria, que nos leva a aniquilar-nos, para deixar que Deus construa sobre o nosso nada.

601 Propósito: a menos que haja verdadeira necessidade, nunca falarei das minhas coisas pessoais.

602 Agradece a Jesus a segurança que te dá! Porque não é teimosia: é luz de Deus, que faz com que te sintas firme, como sobre rocha, enquanto outros, a quem toca fazer um triste papel – sendo tão bons –, parecem afundar-se na areia..., faltos do fundamento da fé.

Pede ao Senhor que as exigências da virtude da fé se cumpram na tua vida e na de todos.

603 Se eu fosse de outro jeito, se dominasse mais o meu gênio, se te fosse mais fiel, Senhor, de que admirável maneira não irias ajudar-nos!

604 As ânsias de reparação, que teu Pai-Deus põe na tua alma, ver-se-ão satisfeitas se unires a tua pobre expiação pessoal aos méritos infinitos de Jesus.

— Retifica a intenção, ama a dor nEle, com Ele e por Ele.

605 Não sabes se progrediste, nem quanto...
— De que te serviria esse cálculo?...

— O importante é que perseveres, que o teu coração arda em chamas, que vejas mais luz e mais horizonte...: que te afadigues pelas nossas intenções, que as pressintas – mesmo que não as conheças –, e que por todas rezes.

606 Diz-Lhe: — Não vejo, Jesus, nem uma flor viçosa no meu jardim: todas têm manchas..., parece que todas perderam a cor e o aroma. Pobre de mim! A boca no esterco, no chão: assim. Este é o meu lugar.

Deste modo – humilhando-te –, Ele vencerá em ti, e alcançarás a vitória.

607 Como te compreendi quando concluías:
— Decididamente, quase não chego a burrico...,

ao burrico que foi o trono de Jesus quando entrou em Jerusalém: fico fazendo parte do montãozinho vil de trapos sujos, que o trapeiro mais pobre despreza.

Mas comentei-te: – No entanto, o Senhor escolheu-te e quer que sejas seu instrumento. Por isso, o fato – real – de te veres tão miserável tem de converter-se em mais uma razão para agradeceres a Deus a sua chamada.

608 O cântico humilde e gozoso de Maria, no «Magnificat», recorda-nos a infinita generosidade do Senhor para com os que se fazem como crianças, para com os que se abaixam e sinceramente se sabem nada.

609 É muito grato a Deus o reconhecimento pela sua bondade que denota recitar um «Te Deum» de ação de graças, sempre que ocorre algum acontecimento um pouco extraordinário, sem dar importância a que seja – como diz o mundo – favorável ou adverso: porque, vindo das suas mãos de Pai, ainda que o golpe de cinzel fira a carne, é também uma prova de Amor, que tira as nossas arestas para nos aproximar da perfeição.

610 Os homens, quando querem realizar algum trabalho, procuram servir-se dos meios apropriados.

Se eu tivesse vivido há séculos, teria usado uma pena de ave para escrever; agora utilizo uma caneta.

Deus, porém, quando deseja levar a cabo alguma obra, escolhe meios desproporcionados, para que se note – quantas vezes me terás ouvido isto! – que a obra é sua.

Por isso, tu e eu, que conhecemos o peso enorme das nossas misérias, devemos dizer ao Senhor: – Ainda que eu seja miserável, não deixo de compreender que sou instrumento divino nas tuas mãos.

611 Dedicaremos todos os afãs da nossa vida – grandes e pequenos – à honra de Deus Pai, de Deus Filho, de Deus Espírito Santo.

– Lembro-me com emoção do trabalho daqueles universitários brilhantes – dois engenheiros e dois arquitetos –, ocupados com muito gosto na instalação material de uma residência de estudantes. Mal acabaram de colocar o quadro-negro numa sala de aula, a primeira coisa que os quatro artistas escreveram foi: «Deo omnis gloria!» – toda a glória para Deus.

– Sei que te encantou, Jesus.

612   Em qualquer lugar em que te encontres, lembra-te de que o Filho do homem não veio para ser servido, mas para servir, e convence-te de que quem quiser segui-Lo não deve pretender outra linha de conduta.

613   Deus tem sobre nós, seus filhos, um direito especial: o direito de que correspondamos ao seu amor, apesar dos nossos erros pessoais. Esta convicção, ao mesmo tempo que nos impõe uma responsabilidade, da qual não podemos escapar, dá-nos segurança plena: somos instrumentos nas mãos de Deus, com os quais Ele conta diariamente e, por isso, diariamente, nos esforçamos por servi-Lo.

614   O Senhor espera que os instrumentos façam o possível para estar bem dispostos: e tu tens de procurar que nunca te falte essa boa disposição.

615   Eu entendo que cada Ave-Maria, cada saudação à Santíssima Virgem, é um novo palpitar de um coração enamorado.

VITÓRIA

616 A nossa vida – a dos cristãos – deve ser tão vulgar como isto: procurar fazer bem, todos os dias, as mesmas coisas que temos obrigação de viver; realizar no mundo a nossa missão divina, cumprindo o pequeno dever de cada instante.

— Ou, melhor: esforçando-nos por cumpri-lo, porque às vezes não o conseguiremos e, ao chegar a noite, no exame, teremos que dizer ao Senhor: – Não te ofereço virtudes; hoje só posso oferecer-te defeitos, mas – com a tua graça – chegarei a chamar-me vencedor.

617 Desejo de todo o coração que, pela misericórdia de Deus, Ele – não obstante os teus pecados (nunca mais ofender Jesus!) – te faça "viver habitualmente essa vida feliz de amar a sua Vontade".

618 No serviço de Deus, não há ofícios de pouca categoria: todos são de muita importância.

— A categoria do ofício depende do nível espiritual de quem o realiza.

619 Não te dá alegria essa certeza, firme, de que Deus se interessa até pelas menores coisas das suas criaturas?

620 Manifesta-Lhe de novo que queres eficazmente ser seu: – Ó Jesus, ajuda-me, faz-me teu de verdade: que eu arda e me consuma, à força de pequenas coisas que ninguém percebe.

621 Santo Rosário. – Os gozos, as dores e as glórias da vida de Nossa Senhora tecem uma coroa de louvores que os Anjos e os Santos do Céu repetem ininterruptamente..., como também o fazem aqueles que amam a nossa Mãe aqui na terra.

– Pratica diariamente esta devoção santa e difunde-a.

622 O Batismo nos faz «fideles» – fiéis –, palavra que, como aquela outra, «sancti» – santos –, os primeiros seguidores de Jesus empregavam para se designarem entre si, e que ainda hoje se usa: fala-se dos "fiéis" da Igreja.

– Pensa nisto!

623 Deus não se deixa ganhar em generosidade, e – deves tê-lo por bem certo! – concede a fidelidade a quem se Lhe rende.

624 Tens de ser exigente contigo, sem medo. Na sua vida escondida, assim o fazem muitas almas, para que só o Senhor brilhe. Quereria que tu e eu reagíssemos como aquela pessoa – que desejava ser muito de Deus – na festa da Sagrada Família, que então se celebrava dentro da oitava da Epifania.

– "Não me faltam cruzinhas. Uma de ontem – custou-me até às lágrimas – trouxe-me à consideração, no dia de hoje, que o meu Pai e Senhor São José e a minha Mãe Santa Maria não quiseram deixar o «seu menino» sem presente de Reis*. E o presente foi luz para conhecer o meu desagradecimento para com Jesus, por falta de correspondência à graça, e o enorme erro que significa para mim opor-me com a minha conduta vil à Vontade Santíssima de Deus, que me quer como seu instrumento".

625 Quando as santas mulheres chegaram ao sepulcro, repararam que a pedra tinha sido removida.

É o que acontece sempre! Quando nos decidimos a fazer o que devemos, as dificuldades se ultrapassam facilmente.

(*) Na Espanha, como em outros países da Europa, é costume distribuir os presentes de Natal no dia dos Reis Magos, a festa da Epifania (N. do T.).

626 Convence-te de que, se não aprendes a obedecer, não serás eficaz.

627 Quando receberes uma ordem, que ninguém te vença em saber obedecer!, quer faça frio ou calor, quer estejas animado ou cansado, quer sejas jovem ou não o sejas tanto.

Uma pessoa que "não saiba obedecer" não aprenderá nunca a mandar.

628 Estupidez insigne é que o Diretor se conforme com que uma alma dê quatro, quando pode dar doze.

629 Tens de obedecer – ou tens de mandar – pondo sempre muito amor.

630 Quereria – ajuda-me com a tua oração – que, na Igreja Santa, todos nos sentíssemos membros de um só corpo, como nos pede o Apóstolo; e que vivêssemos a fundo, sem indiferenças, as alegrias, as tribulações, a expansão da nossa Mãe, una, santa, católica, apostólica, romana.

Quereria que vivêssemos a identidade de uns com os outros e de todos com Cristo.

VITÓRIA

631 Persuade-te, filho, de que desunir-se, na Igreja, é morrer.

632 Pede a Deus que na Igreja Santa, nossa Mãe, os corações de todos sejam um só coração, como na primitiva cristandade, para que até o fim dos séculos se cumpram de verdade as palavras da Escritura: «Multitudinis autem credentium erat cor unum et anima una» – a multidão dos fiéis tinha um só coração e uma só alma.
— Falo-te muito seriamente: que por ti não se veja lesada esta unidade santa. Medita-o na tua oração!

633 A fidelidade ao Romano Pontífice implica uma obrigação clara e determinada: a de conhecer o pensamento do Papa, manifestado nas Encíclicas ou em outros documentos, fazendo quanto estiver ao nosso alcance para que todos os católicos prestem ouvidos ao magistério do Santo Padre, e ajustem a esses ensinamentos a sua atuação na vida.

634 Rezo de todo o coração, diariamente, para que o Senhor nos conceda o dom de línguas. Um dom de línguas que não consiste no conhecimento de vários idiomas, mas em saber adaptar-se à capacidade dos ouvintes.

– Não se trata de "falar como néscios ao vulgo, para que entenda", mas de falar como sábios, como cristãos, porém de modo acessível a todos.

– Este dom de línguas é o que peço ao Senhor e à sua Mãe bendita para os seus filhos.

635 A malícia de alguns e a ignorância de muitos: eis o inimigo de Deus, da Igreja.

– Confundamos o malvado, iluminemos a inteligência do ignorante... Com a ajuda de Deus, e com o nosso esforço, salvaremos o mundo.

636 Temos de procurar que, em todas as atividades intelectuais, haja pessoas retas, de autêntica consciência cristã, de vida coerente, que empreguem as armas da ciência a serviço da humanidade e da Igreja.

Porque nunca faltarão no mundo, como aconteceu quando Jesus veio à terra, novos Herodes que tentem aproveitar os conhecimentos científicos, mesmo falseando-os, para perseguir Cristo e os que são de Cristo.

Que grande tarefa temos pela frente!

VITÓRIA

637 No teu trabalho de almas – a tua ocupação inteira deve ser trabalho de almas –, enche-te de fé, de esperança, de amor, porque todas as dificuldades se superam.

Para confirmar-nos nesta verdade, escreveu o salmista: «Et tu, Domine, deridebis eos: ad nihilum deduces omnes gentes» – Tu, Senhor, zombarás deles; Tu os reduzirás a nada.

Estas palavras ratificam o «non praevalebunt» – os inimigos de Deus não prevalecerão: nada hão de poder contra a Igreja nem contra aqueles que – instrumentos de Deus – servem a Igreja.

638 A nossa Santa Mãe a Igreja, em magnífica expansão de amor, vai espalhando a semente do Evangelho por todo o mundo. De Roma até à periferia.

– Ao colaborares tu nessa expansão, pelo orbe inteiro, deves levar a periferia ao Papa, para que a terra toda seja um só rebanho e um só Pastor: um só apostolado!

639 «Regnare Christum volumus!» – queremos que Cristo reine. «Deo omnis gloria!» – para Deus toda a glória.

Este ideal de guerrear – e vencer – com as

armas de Cristo, somente se fará realidade pela oração e pelo sacrifício, pela fé e pelo Amor.

— Pois então..., vamos orar, e crer, e sofrer, e Amar!

640 O trabalho da Igreja é em cada dia como um grande tecido que oferecemos ao Senhor, porque todos os batizados somos Igreja.

— Se cumprirmos a nossa parte — fiéis e entregados —, esse grande tecido será belo e sem falhas. — Mas, se um de nós soltar um fio aqui, outro acolá, e outro mais além..., em vez de um belo tecido, teremos um trapo esfiapado.

641 Por que não te decides a fazer uma correção fraterna? — Sofre-se ao recebê-la, porque custa humilhar-se, pelo menos no começo. Mas, fazê-la, custa sempre. Bem o sabem todos.

O exercício da correção fraterna é a melhor maneira de ajudar, depois da oração e do bom exemplo.

642 Pela confiança que Ele deposita em ti, por ter-te trazido à Igreja, hás de ter o comedimento, a serenidade, a fortaleza, a prudência — humana e sobrenatural — de pessoa madura, que muitos adquirem com o passar dos anos.

Não esqueças que cristão, como aprendemos no Catecismo, significa homem – mulher – que tem a fé de Jesus Cristo.

643 Queres ser forte? – Primeiro, repara que és muito fraco; e depois, confia em Cristo, que é Pai e Irmão e Mestre, e que nos torna fortes entregando-nos os meios para vencer: os sacramentos. Vive-os!

644 Entendia-te bem quando me confiavas: – Quero embeber-me na liturgia da Santa Missa.

645 Valor da piedade na Santa Liturgia!
Não estranhei nada quando, há uns dias, certa pessoa me comentava de um sacerdote exemplar, falecido recentemente: – Como era santo!
– Conhecia-o bem?, perguntei-lhe.
– Não – respondeu-me –, mas uma vez vi-o celebrar a Santa Missa.

646 Tu, que te chamas cristão, tens de viver a Sagrada Liturgia da Igreja, pondo verdadeiro interesse em orar e mortificar-te pelos sacerdotes – especialmente pelos novos sacerdotes –, nos dias fixados para esta intenção*, e quando souberes que recebem o Sacramento da Ordem.

647 Oferece a oração, a expiação e a ação por esta finalidade: «Ut sint unum!» – para que todos os cristãos tenhamos uma mesma vontade, um mesmo coração, um mesmo espírito: para que «omnes cum Petro ad Iesum per Mariam!» – todos, bem unidos ao Papa, vamos a Jesus, por Maria.

648 Perguntas-me, meu filho, o que podes fazer para que eu fique muito contente contigo.
— Se o Senhor está satisfeito contigo, eu também estou. E tu podes saber se Ele está contente contigo pela paz e pela alegria que houver em teu coração.

649 Característica evidente de um homem de Deus, de uma mulher de Deus, é a paz na sua alma; tem "a paz" e dá "a paz" às pessoas com quem convive.

(*) O autor refere-se aos quatro tempos do ano, chamados "têmporas", em que se rezava e se fazia jejum por essa intenção (N. do T.).

VITÓRIA

650 Acostuma-te a apedrejar esses pobres "odiadores", respondendo às suas pedradas com Ave-Marias.

651 Não te preocupes se o teu trabalho agora parece estéril. Quando a semeadura é de santidade, não se perde; outros recolherão o fruto.

652 Mesmo que consigas poucas luzes na oração, mesmo que te pareça emperrada, seca..., tens de considerar, sempre com visão nova e segura, a necessidade da perseverança em todos os pormenores da tua vida de piedade.

653 Crescias perante as dificuldades do apostolado, orando assim: "Senhor, Tu és o mesmo de sempre. Dá-me a fé daqueles varões que souberam corresponder à tua graça e que realizaram – em teu Nome – grandes milagres, verdadeiros prodígios..." – E concluías: "Sei que os farás; mas também sei que queres que os peçamos, que queres que te procuremos, que batamos fortemente às portas do teu Coração".

– No fim, renovaste a tua decisão de perseverar na oração humilde e confiada.

654 Quando te vires atribulado..., e também na hora do triunfo, repete: – Senhor, não me largues, não me deixes, ajuda-me como a uma criatura inexperiente, leva-me sempre pela tua mão!

655 «Aquae multae non potuerunt extinguere caritatem!» – a turbulência das águas não pôde extinguir o fogo da caridade. – Ofereço-te duas interpretações para estas palavras da Escritura Santa. – Uma, que a multidão dos teus pecados passados não te afastará – a ti, que estás bem arrependido – do Amor do nosso Deus; e outra, que as águas da incompreensão, das contradições, que talvez estejas sofrendo, não deverão interromper o teu trabalho apostólico.

656 Acabar! Acabar! – Filho, «qui perseveraverit usque in finem, hic salvus erit» – quem perseverar até o fim, esse se salvará.

– E nós, os filhos de Deus, dispomos dos meios; tu também! Colocaremos o telhado, porque tudo podemos nAquele que nos conforta.

– Com o Senhor, não há impossíveis: superam-se sempre.

657 Por vezes, apresenta-se um futuro imediato cheio de preocupações, se perdemos o sentido sobrenatural dos acontecimentos.
— Portanto, filho, fé nessas horas..., e mais obras. Assim não há dúvida de que o nosso Pai-Deus continuará a dar solução aos teus problemas.

658 A providência ordinária de Deus é um contínuo milagre, mas... Ele empregará meios extraordinários, quando forem precisos.

659 O otimismo cristão não é um otimismo meloso, nem tampouco uma confiança humana em que tudo dará certo.
É um otimismo que mergulha as suas raízes na consciência da liberdade e na certeza do poder da graça; um otimismo que nos leva a ser exigentes conosco próprios, a esforçar-nos por corresponder em cada instante às chamadas de Deus.

660 O dia do triunfo do Senhor, da sua Ressurreição, é definitivo. Onde estão os soldados que a autoridade tinha mandado? Onde estão os selos que se tinham colocado sobre a pedra do sepulcro? Onde estão os que tinham condenado o Mestre? Onde estão os que tinham crucificado Jesus?... Perante a sua vitória, produz-se a grande fuga dos pobres miseráveis.

Enche-te de esperança: Jesus Cristo vence sempre.

661 Se procuras Maria, encontrarás "necessariamente" Jesus, e aprenderás – sempre com maior profundidade – o que há no Coração de Deus.

662 Quando te dispuseres a empreender uma tarefa de apostolado, aplica a ti mesmo o que dizia um homem que procurava a Deus: "Hoje começo a pregar um retiro para sacerdotes. Oxalá tiremos muito fruto: em primeiro lugar, eu!"

– E mais tarde: "Já se passaram vários dias do retiro. Os participantes são cento e vinte. Espero que o Senhor faça um bom trabalho nas nossas almas".

663 Filho, vale a pena que sejas humilde, obediente, leal, que te impregnes do espírito de Deus, para levá-lo – desse lugar que ocupas, do teu lugar de trabalho – a todas as gentes que povoam o mundo!

VITÓRIA

664 Na guerra, de pouco serviria a coragem dos soldados que enfrentam o inimigo, se não houvesse outros que, sem tomarem aparentemente parte na batalha, proporcionam munições e alimentos e remédios aos combatentes...

— Sem a oração e sem o sacrifício de tantas almas, não haverá verdadeiro apostolado de ação.

665 Poder de fazer milagres! Quantas almas mortas, e até apodrecidas, não ressuscitarás, se permitires a Cristo que atue em ti.

Naqueles tempos — narram os Evangelhos — o Senhor passava, e eles, os enfermos, chamavam por Ele e O procuravam. Também agora Cristo passa com a tua vida cristã e, se o secundares, quantos não haverão de conhecê-lo, e de chamar por Ele, e de pedir-lhe ajuda, e de ter os olhos abertos para as luzes maravilhosas da graça!

666 Obstinas-te em caminhar ao teu jeito, e o teu trabalho acaba por ser estéril.

Obedece, sê dócil: porque, assim como é necessário pôr cada roda de uma máquina no seu lugar (caso contrário, pára ou deformam-se as peças; e, sem dúvida, não produz ou o seu rendimento é muito pequeno), assim também um homem ou uma mulher, tirados do seu campo de ação, serão antes um estorvo do que um instrumento de apostolado.

667 O apóstolo não tem outro fim que não seja deixar agir o Senhor, tornar-se disponível.

668 Também os primeiros Doze eram estrangeiros nas terras que evangelizavam, e tropeçavam com pessoas que construíam o mundo sobre bases diametralmente opostas à doutrina de Cristo.

– Olha: por cima dessas circunstâncias adversas, eles sabiam-se depositários da mensagem divina da Redenção. E clama o Apóstolo: "Ai de mim se não evangelizar!"

669 A eficácia corredentora – eterna! – das nossas vidas só se pode tornar efetiva mediante a humildade – desaparecendo –, para que os outros descubram o Senhor.

670 Na sua ação apostólica, os filhos de Deus têm de ser como essas potentes instalações elétricas: encherão de luz o mundo, sem que se veja o foco.

671 Diz Jesus: "Quem vos ouve, a mim me ouve".

— Julgas ainda que são as tuas palavras que convencem os homens?... Além disso, não esqueças que o Espírito Santo pode valer-se, para os seus planos, do instrumento mais inepto.

672 Como se aplicam admiravelmente aos filhos de Deus estas palavras de Santo Ambrósio! Fala do burrico atado com a jumenta, de que Jesus necessitava para o seu triunfo, e comenta: "Só uma ordem do Senhor podia desatá-lo. Soltaram-no as mãos dos Apóstolos. Para semelhante fato, requerem-se um modo de viver e uma graça especial. Sê tu também apóstolo, para poderes libertar os que estão cativos".

— Deixa-me que te comente de novo esse texto: quantas vezes, a mando de Jesus, não teremos de soltar as correntes que prendem as almas, porque Ele precisará delas para o seu triunfo! Que sejam de apóstolo as nossas mãos, e as nossas ações, e a nossa vida... Então Deus nos dará também graça de apóstolo, para quebrarmos os ferros dos acorrentados.

673 Não podemos atribuir nunca a nós mesmos o poder de Jesus, que passa por entre nós. ▷

O Senhor passa, e transforma as almas, quando nos colocamos todos junto dEle, com um só coração, com um só sentir, com um só desejo de ser bons cristãos; mas é Ele, não tu nem eu. É Cristo que passa!

— E, além disso, Ele fica em nossos corações — no teu e no meu! —, e nos nossos sacrários.

— É Jesus que passa, e Jesus que fica. Permanece em ti, em cada um de vós e em mim.

674 O Senhor quis fazer-nos corredentores com Ele.

— É por isso, para nos ajudar a compreender essa maravilha, que move os evangelistas a relatar tantos grandes prodígios. Ele podia tirar o pão de onde quisesse... Mas não! Procura a cooperação humana: precisa de um menino, de um rapaz, de uns pedaços de pão e de uns peixes.

— Fazemos-Lhe falta, tu e eu, e é Deus! — Isto há de instar-nos a ser generosos, na nossa correspondência às suas graças.

675 Se O ajudares, mesmo que seja com uma ninharia, como fizeram os Apóstolos, Ele estará disposto a realizar milagres, a multiplicar os pães, a mudar as vontades, a dar luz às inteligências mais obscurecidas, a fazer – com uma graça extraordinária – que sejam capazes de retidão os que nunca o foram.

Tudo isto... e mais, se O ajudares com o que tens.

676 Jesus morreu. É um cadáver. Aquelas mulheres santas não esperavam nada. Tinham visto como O haviam maltratado e como O haviam crucificado: como tinham elas presente a violência daquela Paixão sofrida!

Sabiam também que os soldados vigiavam o lugar, sabiam que o sepulcro estava completamente fechado: – Quem nos tirará a pedra da entrada?, perguntavam-se, porque era uma lousa enorme. No entanto..., apesar de tudo, acorrem para estar com Ele.

Olha, as dificuldades – grandes e pequenas – enxergam-se logo... Mas, se há amor, não se repara nesses obstáculos, e procede-se com audácia, com decisão, com valentia: não tens de confessar que sentes vergonha ao contemplar o ímpeto, a intrepidez e a valentia dessas mulheres?

677 Maria, tua Mãe, levar-te-á ao Amor de Jesus. E aí estarás «cum gaudio et pace», com alegria e paz, sempre "levado" – porque sozinho cairias e te encherias de lama –, caminho afora, para crer, para amar e para sofrer.

TRABALHO

678 Pelo ensinamento de São Paulo, sabemos que temos de renovar o mundo no espírito de Jesus Cristo, que temos de colocar o Senhor no alto e na entranha de todas as coisas.
— Achas que estás cumprindo isso nas tuas ocupações, na tua tarefa profissional?

679 Por que não experimentas converter em serviço de Deus a tua vida inteira: o trabalho e o descanso, o pranto e o sorriso?
— Podes... e deves!

680 Todas e cada uma das criaturas, todos os acontecimentos desta vida, sem exceção, têm de ser degraus que te levem a Deus e que te movam a conhecê-Lo e amá-Lo, a dar-Lhe graças e a procurar que todos O conheçam e O amem.

681 Temos obrigação de trabalhar, e de trabalhar conscienciosamente, com senso de responsabilidade, com amor e perseverança, sem descuidos nem ligeirezas: porque o trabalho é um preceito de Deus, e a Deus, como diz o salmista, é preciso obedecer «in laetitia» – com alegria!

682 Temos de conquistar, para Cristo, todos os valores humanos que sejam nobres.

683 Quando se vive deveras a caridade, não sobra tempo para nos procurarmos a nós mesmos; não há espaço para o orgulho. Só nos ocorrem ocasiões de servir!

684 Qualquer atividade – seja ou não humanamente muito importante – tem de converter-se para ti num meio de servir o Senhor e os homens: aí está a verdadeira dimensão da sua importância.

685 Trabalha sempre, e em tudo, com sacrifício, para pôr Cristo no cume de todas as atividades dos homens.

686 A correspondência à graça também se encontra nessas coisas corriqueiras da jornada, que parecem sem categoria e, no entanto, têm a transcendência do Amor.

687 Não se pode esquecer que o trabalho humanamente digno, nobre e honesto, pode – e deve! – ser elevado à ordem sobrenatural, passando a ser uma ocupação divina.

688 Ao crescer e viver como qualquer um de nós, Jesus, nosso Senhor e Modelo, revelou-nos que a existência humana – a tua –, as ocupações comuns e habituais, têm um sentido divino, de eternidade.

689 Admira a bondade do nosso Pai-Deus: não te enche de alegria a certeza de que o teu lar, a tua família, o teu país, que amas com loucura, são matéria de santidade?

690 Minha filha, a ti que formaste um lar, gosto de recordar-te que as mulheres – bem o sabes! – têm muita fortaleza, uma fortaleza que sabem envolver numa doçura especial, para que não se note. E, com essa fortaleza, podem fazer do marido e dos filhos instrumentos de Deus ou diabos.

— Tu os farás sempre instrumentos de Deus: o Senhor conta com a tua ajuda.

691 Comove-me que o Apóstolo qualifique o matrimônio cristão como «sacramentum magnum» — sacramento grande. Também deduzo daqui que a tarefa dos pais de família é importantíssima.

— Participais do poder criador de Deus, e é por isso que o amor humano é santo, nobre e bom: uma alegria do coração, a que o Senhor — na sua providência amorosa — quer que alguns de nós renunciemos livremente.

— Cada filho que Deus vos concede é uma grande bênção divina: não tenhais medo aos filhos!

692 Em minhas conversas com tantos casais, insisto-lhes em que, enquanto eles viverem e viverem também os seus filhos, devem ajudá-los a ser santos, sabendo que na terra nenhum de nós será santo. Não faremos mais do que lutar, lutar e lutar.

E acrescento: — Vós, mães e pais cristãos, sois um grande motor espiritual, pois mandais aos vossos filhos fortaleza de Deus para essa luta, para que vençam, para que sejam santos. Não os decepcioneis!

693 Não tenhas medo de amar as almas, por Ele; e não te importes de amar ainda mais os teus, sempre que, amando-os tanto, O ames a Ele milhões de vezes mais.

694 «Coepit facere et docere» – Jesus começou a fazer e depois a ensinar: tu e eu temos que dar o testemunho do exemplo, porque não podemos levar uma dupla vida; não podemos ensinar o que não praticamos. Por outras palavras, temos de ensinar aquilo que, pelo menos, lutamos por praticar.

695 Cristão: tens obrigação de ser exemplar em todos os terrenos, também como cidadão, no cumprimento das leis que visam o bem comum.

696 Visto que és tão exigente em que, até nos serviços públicos, os outros cumpram as suas obrigações – é um dever!, afirmas –, já pensaste se tu respeitas o teu horário de trabalho, se o realizas conscienciosamente?

697 Tens de observar todos os teus deveres cívicos, sem te quereres subtrair ao cumprimento de nenhuma obrigação; e exercer todos os teus direitos, em bem da coletividade, sem excetuar imprudentemente nenhum.

— Também aí deves dar testemunho cristão.

698 Se queremos de verdade santificar o trabalho, é preciso que cumpramos ineludivelmente a primeira condição: trabalhar, e trabalhar bem!, com seriedade humana e sobrenatural.

699 Que a tua caridade seja amável: não deve faltar nunca em teus lábios, com a prudência e a naturalidade devidas, e ainda que chores por dentro, um sorriso para todos, um serviço sem regateios.

700 Esse trabalho acabado pela metade não passa de uma caricatura do holocausto que Deus te pede.

701 Se afirmas que queres imitar Cristo... e te sobra tempo, andas por caminhos de tibieza.

702 As tarefas profissionais – o trabalho do lar também é uma profissão de primeira grandeza – são testemunho da dignidade da criatura humana; ocasião de desenvolvimento da personalidade; vínculo de união com os outros; fonte de recursos; meio de contribuir para a melhoria da sociedade em que vivemos e de fomentar o progresso da humanidade inteira...

– Para um cristão, essas perspectivas alargam-se e ampliam-se ainda mais, porque o trabalho – assumido por Cristo como realidade redimida e redentora – se converte em meio e caminho de santidade, em ocupação concreta santificável e santificadora.

703 O Senhor quis que os seus filhos, os que recebemos o dom da fé, manifestássemos a originária visão otimista da criação, o "amor ao mundo" que palpita no cristianismo.

– Portanto, não deve faltar nunca entusiasmo no teu trabalho profissional, nem no teu empenho por construir a cidade temporal.

704 Tens de permanecer vigilante, para que os teus êxitos profissionais ou os teus fracassos – que virão! – não te façam esquecer, nem sequer momentaneamente, qual é o verdadeiro fim do teu trabalho: a glória de Deus!

705 A responsabilidade cristã no trabalho não se traduz apenas em ir preenchendo as horas, mas em realizá-lo com competência técnica e profissional... e, sobretudo, com amor de Deus.

706 Que pena matar o tempo, que é um tesouro de Deus!

707 Como todas as profissões honestas podem e devem ser santificadas, nenhum filho de Deus tem o direito de dizer: – Não posso fazer apostolado.

708 Da vida oculta de Cristo tens que tirar esta outra consequência: não ter pressa..., tendo-a!

Quer dizer, antes de mais nada está a vida interior; o resto, o apostolado, qualquer apostolado, é um corolário.

709 Enfrenta os problemas deste mundo com sentido sobrenatural e de acordo com as normas morais, que não ameaçam nem destroem a personalidade, antes a encaminham.

– Infundirás assim na tua conduta uma força vital, que arraste; e te confirmarás no teu andar pelo reto caminho.

710 Deus Nosso Senhor te quer santo, para que santifiques os outros. – E para isso, é preciso que tu – com valentia e sinceridade – olhes para ti mesmo, olhes para o Senhor Nosso Deus... e, depois, só depois, olhes para o mundo.

711 Fomenta as tuas qualidades nobres, humanas. Podem ser o começo do edifício da tua santificação.

Ao mesmo tempo, lembra-te de que – como já te disse em outra oportunidade – no serviço de Deus é preciso queimar tudo, até o "que vão dizer", até isso que chamam reputação, se for necessário.

712 Precisas de formação, porque deves ter um profundo senso de responsabilidade, que promova e anime a atuação dos católicos na vida pública, com o respeito devido à liberdade de cada um, e recordando a todos que têm de ser coerentes com a sua fé.

713 Por meio do teu trabalho profissional, acabado com a possível perfeição sobrenatural e humana, podes – deves! – dar critério cristão nos lugares onde exerças a tua profissão ou ofício.

714 Como cristão, tens o dever de atuar, de não te absteres, de prestar a tua própria colaboração para servir – com lealdade e com liberdade pessoal – o bem comum.

715 Nós, filhos de Deus, cidadãos da mesma categoria que os outros, temos de participar "sem medo" de todas as atividades e organizações honestas dos homens, para que Cristo esteja presente ali.

Nosso Senhor há de pedir-nos contas estritas se, por desleixo ou comodismo, cada um de nós, livremente, não procura intervir nas obras e nas decisões humanas de que dependem o presente e o futuro da sociedade.

716 Com sentido de profunda humildade – fortes no nome do nosso Deus e não, como diz o Salmo, "nos recursos dos nossos carros de combate e dos nossos cavalos" –, temos de procurar, sem respeitos humanos, que não haja recantos da sociedade em que Cristo não seja conhecido.

717 Com liberdade, e de acordo com as tuas inclinações ou qualidades, deves tomar parte ativa e eficaz nas retas associações oficiais ou privadas do teu país, com uma participação cheia de sentido cristão: essas organizações nunca são indiferentes para o bem temporal e eterno dos homens.

718 Esforça-te para que as instituições e as estruturas humanas, em que trabalhas e te moves com pleno direito de cidadão, se ajustem aos princípios que regem uma concepção cristã da vida.

Assim – não tenhas dúvida –, asseguras aos homens os meios necessários para viverem de acordo com a sua dignidade, e dás ensejo a que muitas almas, com a graça de Deus, possam corresponder pessoalmente à vocação cristã.

719 Dever de cristão e de cidadão é defender e fomentar, por piedade e por cultura, os monumentos disseminados por ruas e caminhos – cruzeiros, imagens marianas, etc. –, reconstruindo aqueles que a barbárie ou o tempo destruam.

720 É necessário neutralizar com denodo essas "liberdades de perdição", filhas da libertinagem, netas das más paixões, bisnetas do pecado original..., que, como se vê, descendem em linha reta do diabo.

721 Por objetividade, e para que não continuem fazendo mal, tenho de insistir em que não se deve fazer publicidade dos inimigos de Deus nem "hosaná-los"..., mesmo depois de mortos.

722 Hoje ataca-se a nossa Mãe a Igreja no terreno social e no governo dos povos. Por isso, Deus envia os seus filhos – a ti! – para que lutem e difundam a verdade nessas tarefas.

723 Pela tua condição de cidadão comum, precisamente por esse teu "laicismo", igual – nem mais nem menos – ao dos teus colegas, deves ter a valentia, que em certas ocasiões não será pequena, de tornar "tangível" a tua fé: que vejam as tuas boas obras e o motivo que te inspira.

724 Um filho de Deus – tu – não deve ter medo de viver no ambiente – profissional, social... – que lhe é próprio: nunca está só!
— Deus Nosso Senhor, que sempre te acom-

panha, concede-te os meios para que Lhe sejas fiel e para que leves os outros até Ele.

725 Tudo por Amor! Este é o caminho da santidade, da felicidade.

Enfrenta com essas miras as tuas tarefas intelectuais, as ocupações mais altas do espírito e as coisas mais terra-a-terra, essas que necessariamente temos de cumprir todos, e viverás alegre e com paz.

726 Tu, por seres cristão, podes ceder, dentro dos limites do dogma e da moral, em tudo o que for teu, e ceder de todo o coração... Mas, no que é de Jesus Cristo, não podes ceder!

727 Quando tiveres de mandar, não humilhes: procede com delicadeza; respeita a inteligência e a vontade daquele que obedece.

728 Logicamente, tens de empregar meios terrenos. – Mas põe um empenho muito grande em estar desprendido de tudo o que é terreno, para usá-lo pensando sempre no serviço a Deus e aos homens.

729 Planejar tudo? – Tudo, disseste-me. – De acordo; é necessário exercitar a prudência, mas tem em conta que os empreendimentos humanos, árduos ou comuns, reservam sempre uma margem de imprevistos..., e que um cristão, além disso, não deve barrar o passo à esperança, nem prescindir da Providência divina.

730 Tens de trabalhar com tal sentido sobrenatural, que só te deixes absorver pela tua atividade para diviniza-la: assim, o que é terreno se converte em divino, o que é temporal se converte em eterno.

731 As obras em serviço de Deus nunca se perdem por falta de dinheiro: perdem-se por falta de espírito.

732 Não te dá alegria sentir tão de perto a pobreza de Jesus?... Como é bonito carecer até do necessário! Mas como Ele: oculta e silenciosamente.

733 A devoção sincera, o verdadeiro amor a Deus, leva ao trabalho, ao cumprimento – ainda que custe – do dever de cada dia.

734 Tem-se posto de relevo, muitas vezes, o perigo das obras sem vida interior que as anime; mas deveria também sublinhar-se o perigo de uma vida interior – se é que pode existir – sem obras.

735 A luta interior não nos afasta das nossas ocupações temporais: leva-nos a terminá-las melhor!

736 A tua existência não é uma repetição de atos iguais, porque o seguinte deve ser mais reto, mais eficaz, mais cheio de amor que o anterior. – Cada dia nova luz, novo entusiasmo!, por Ele!

737 Em cada dia, deves fazer tudo o que possas para conhecer a Deus, para manter um "trato" íntimo com Ele, para te enamorares mais em cada instante e não pensares senão no seu Amor e na sua glória.

Cumprirás este plano, filho, se não abandonares – por nada! – os teus tempos de oração, a tua presença de Deus (com jaculatórias e comunhões espirituais, para te inflamares), a tua Santa Missa pausada, o teu trabalho bem acabado por amor dEle.

738 Nunca compartilharei a opinião – embora a respeite – dos que separam a oração da vida ativa, como se fossem incompatíveis.

Nós, filhos de Deus, temos de ser contemplativos: pessoas que, no meio do fragor da multidão, sabem encontrar o silêncio da alma em colóquio permanente com o Senhor; e olhá-Lo como se olha para um Pai, como se olha para um Amigo, a quem se ama com loucura.

739 Uma pessoa piedosa, com uma piedade sem carolice, cumpre o seu dever profissional com perfeição, porque sabe que esse trabalho é prece elevada a Deus.

740 A nossa condição de filhos de Deus há de levar-nos – insisto – a ter espírito contemplativo no meio de todas as atividades humanas – luz, sal e fermento, pela oração, pela mortificação, pela cultura religiosa e profissional –, tornando realidade este programa: quanto mais imersos no mundo estivermos, tanto mais temos que ser de Deus.

741 O ouro bom e os diamantes estão nas entranhas da terra, não na palma da mão.

O teu labor de santidade – própria e dos

outros – depende desse fervor, dessa alegria, desse teu trabalho, obscuro e quotidiano, normal e corrente.

742   Na nossa conduta habitual, necessitamos de uma virtude muito superior à do lendário rei Midas: ele convertia em ouro tudo quanto tocava.
— Nós temos de converter – pelo amor – o trabalho humano, da nossa jornada habitual, em obra de Deus, com alcance eterno.

743   Na tua vida, se te propuseres consegui--lo, tudo pode ser objeto de oferecimento ao Senhor, ocasião de colóquio com teu Pai do Céu, que sempre tem reservadas e concede luzes novas.

744   Trabalha com alegria, com paz, com presença de Deus.
— Desta maneira, além disso, realizarás a tua tarefa com bom senso: hás de levá-la até ao fim, ainda que morto de cansaço, hás de acabá--la bem..., e as tuas obras agradarão a Deus.

745   Deves manter – ao longo do dia – uma constante conversa com o Senhor, que se ali-

mente também das próprias incidências da tua tarefa profissional.

— Vai com o pensamento ao Sacrário..., e oferece ao Senhor o trabalho que tenhas entre mãos.

746 Tens de conseguir que daí, desse lugar de trabalho, o teu coração escape para o Senhor, junto ao Sacrário, para Lhe dizer, sem fazer coisas estranhas: — Meu Jesus, eu te amo.

— Não tenhas medo de chamá-Lo assim — meu Jesus — e de repetir-Lho com frequência.

747 Era assim que um sacerdote desejava dedicar-se à oração, enquanto recitava o Ofício divino: "Terei por norma dizer no começo: «Quero rezar como rezam os santos», e depois convidarei o meu Anjo da Guarda a cantar, comigo, os louvores ao Senhor".

Experimenta este caminho para a tua oração vocal e para fomentares a presença de Deus no teu trabalho.

748 Recebeste a chamada de Deus para um caminho concreto: meteres-te em todas as encruzilhadas do mundo, estando tu — dentro do teu trabalho profissional — metido em Deus.

749 Não percas nunca de vista o ponto de mira sobrenatural. – Retifica a intenção, como se vai retificando o rumo do navio no mar alto: olhando para a estrela, olhando para Maria. E terás a certeza de chegar sempre a bom porto.

CRISOL

750 Não te digo, Senhor, que me tires os afetos – porque com eles posso servir-te –, mas que os acrisoles.

751 Perante todas as maravilhas de Deus, e perante todos os nossos fracassos humanos, temos de reconhecer: – Tu és tudo para mim: serve-te de mim como quiseres! – E deixará de haver solidão para ti, para nós.

752 O grande segredo da santidade reduz-se a parecer-se mais e mais com Ele, que é o único e amável Modelo.

753 Quando te puseres a orar, e não enxergares nada, e te sentires agitado e seco, este é o

caminho: não penses em ti; volta antes os teus olhos para a Paixão de Cristo, nosso Redentor.

Convence-te de que o Senhor também pede a cada um de nós o que pedia àqueles três Apóstolos mais íntimos, no Horto das Oliveiras: "Vigiai e orai".

754 Ao abrires o Santo Evangelho, pensa que não só deves saber, mas viver o que ali se narra: obras e ditos de Cristo. Tudo, cada ponto que se relata, foi registado, detalhe por detalhe, para que o encarnes nas circunstâncias concretas da tua existência.

– O Senhor chamou-nos, a nós, católicos, para que O seguíssemos de perto; e, nesse Texto Santo, encontras a Vida de Jesus; mas, além disso, deves encontrar a tua própria vida.

Aprenderás a perguntar tu também, como o Apóstolo, cheio de amor: "Senhor, que queres que eu faça?..." – A Vontade de Deus!, ouvirás na tua alma de modo terminante.

Pois bem, pega no Evangelho diariamente, e lê-o e vive-o como norma concreta. – Assim procederam os santos.

755 Se verdadeiramente desejas que o teu coração reaja de um modo seguro, eu te aconselho a meter-te numa Chaga do Senhor: assim terás intimidade com Ele, grudar-te-ás nEle, sentirás palpitar o seu Coração..., e O seguirás em tudo o que te peça.

756 A oração é indubitavelmente o "tira-pesares" dos que amamos Jesus.

757 A Cruz simboliza a vida do apóstolo de Cristo, com um vigor e uma verdade que encantam a alma e o corpo, ainda que às vezes custe e se note o peso.

758 Compreendo que, por Amor, desejes padecer com Cristo: interpor as tuas costas entre Ele e os algozes que O açoitam; oferecer a tua cabeça, e não a dEle, aos espinhos; e os teus pés e as tuas mãos, aos pregos; ... ou, pelo menos, acompanhar a nossa Mãe Santa Maria, no Calvário, e acusar-te de deicida pelos teus pecados..., e sofrer e amar.

759 Propus-me frequentar mais o Paráclito e pedir-Lhe as suas luzes, disseste-me.
— Muito bem: mas lembra-te, filho, de que o Espírito Santo é fruto da Cruz.

760 O amor saboroso, que torna feliz a alma, está baseado na dor: não é possível amor sem renúncia.

761 Cristo pregado na Cruz, e tu?... Ainda metido apenas nos teus gostos! Corrijo-me: pregado pelos teus gostos!

762 Não sejamos – não podemos ser! – cristãos adocicados: na terra, tem que haver dor e Cruz.

763 Nesta nossa vida, é preciso contar com a Cruz. Quem não conta com a Cruz não é cristão..., e não poderá evitar o encontro com "a sua cruz", na qual desesperará.

764 Agora que a Cruz é séria, de peso, Jesus arruma as coisas de tal modo que nos cumula de paz: faz-se nosso Cireneu, para que o fardo se torne leve.

Diz-Lhe, pois, cheio de confiança: – Senhor, que Cruz é esta? Uma Cruz sem cruz. De agora em diante, com a tua ajuda, conhecendo a receita para abandonar-me em Ti, serão sempre assim todas as minhas cruzes.

765 Reafirma na tua alma o antigo propósito daquele amigo: – Senhor, quero o sofrimento, não o espetáculo.

766 Ter a Cruz é ter a alegria: é ter-te a Ti, Senhor!

767 O que verdadeiramente torna infeliz uma pessoa – e até uma sociedade inteira – é essa procura, ansiosa e egoísta, de bem-estar: essa tentativa de eliminar tudo o que contraria.

768 O caminho do Amor chama-se Sacrifício.

769 A Cruz – a Santa Cruz! – pesa.
– Por um lado, estão os meus pecados. Por outro, a triste realidade dos sofrimentos da nossa Mãe a Igreja; a apatia de tantos católicos que têm um "querer sem querer"; a separação – por diversos motivos – de seres amados; as doenças e tribulações, alheias e próprias...

A Cruz – a Santa Cruz! – pesa: «Fiat, adimpleatur...!» – Faça-se, cumpra-se, seja louvada e eternamente glorificada a justíssima e amabilíssima Vontade de Deus sobre todas as coisas. Assim seja. Assim seja.

770 Quando se caminha por onde Cristo caminha; quando já não há resignação, mas a alma se conforma com a Cruz – se amolda à forma da Cruz –; quando se ama a Vontade de Deus; quando se quer a Cruz..., então, mas só então, é Ele que a leva.

771 Une a tua dor – a Cruz exterior ou interior – à Vontade de Deus, por meio de um «fiat!» – faça-se – generoso, e te encherás de júbilo e de paz.

772 Sinais inequívocos da verdadeira Cruz de Cristo: a serenidade, um profundo sentimento de paz, um amor disposto a qualquer sacrifício, uma eficácia grande, que brota do próprio Lado aberto de Jesus, e sempre – de modo evidente – a alegria: uma alegria que procede de saber que, quem se entrega de verdade, está junto da Cruz e, por conseguinte, junto de Nosso Senhor.

773 Não deixes de ver e de agradecer a predileção do Rei que, na tua vida inteira, sela a tua carne e o teu espírito com o selo régio da Santa Cruz.

774 "Trago comigo – escrevia aquele amigo – um pequeno crucifixo, com a imagem gastadíssima pelo uso e pelos beijos, herdado por meu pai quando da morte da sua mãe, que o usava habitualmente.

"Como é muito pobrezinho e está muito gasto, não me atreverei a dá-lo de presente a ninguém, e deste modo – ao vê-lo – aumentará o meu amor à Cruz".

775 Assim rezava um sacerdote, em momentos de aflição: "Venha, Jesus, a Cruz que Tu quiseres; desde agora a recebo com alegria e a abençoo com a rica bênção do meu sacerdócio".

776 Quando receberes algum golpe forte, alguma Cruz, não deves afligir-te. Pelo contrário, de rosto alegre, deves dar graças ao Senhor.

777 Ontem vi um quadro de Jesus morto, que me encantou. Um anjo, com unção indizível, beija a sua mão esquerda; outro, aos pés do Salvador, tem um prego arrancado da Cruz; e, em primeiro plano, de costas, olhando para Cristo, um anjinho pequeno chora.

Pedi ao Senhor que me oferecessem o quadro de presente: é bonito, respira piedade. – Entristeceu-me saber que uma pessoa, a quem mostraram a tela para que a comprasse, a rejeitou dizendo: "Um cadáver!" – Para mim, Tu serás sempre a Vida.

778 Senhor – não me importo de repeti-lo milhares de vezes –, quero acompanhar-te, sofrendo Contigo, nas humilhações e crueldades da Paixão e da Cruz.

779 Encontrar a Cruz é encontrar Cristo.

780 Jesus, que o teu Sangue de Deus penetre nas minhas veias, para fazer-me viver, em cada instante, a generosidade da Cruz.

781 Perante Jesus morto na Cruz, faz oração, para que a Vida e a Morte de Cristo sejam o modelo e o estímulo da tua vida e da tua resposta à Vontade divina.

782 Lembra-te disto na hora da dor ou da expiação: a Cruz é o sinal de Cristo Redentor. Deixou de ser o símbolo do mal para ser o sinal da vitória.

783 Tens de pôr, entre os ingredientes da comida, o "riquíssimo" da mortificação.

784 Não é espírito de penitência fazer nuns dias grandes mortificações, e abandoná-las em outros.
— Espírito de penitência significa saber vencer-se todos os dias, oferecendo a Deus coisas – grandes e pequenas – por amor e sem espetáculo.

785 Se unirmos as nossas ninharias – as insignificantes e as grandes contrariedades – aos grandes sofrimentos do Senhor, Vítima – a única Vítima é Ele! –, aumentará o seu valor, tornar-se-ão um tesouro e, então, tomaremos com gosto, com garbo, a Cruz de Cristo.
— E assim não haverá pena alguma que não se vença com rapidez; e não haverá nada nem ninguém que nos tire a paz e a alegria.

786 Para seres apóstolo, tens de levar em ti – como ensina São Paulo – Cristo crucificado.

787 É verdade! A Santa Cruz traz às nossas vidas a confirmação inequívoca de que somos de Cristo.

788 A Cruz não é a pena, nem o desgosto, nem a amargura... É o madeiro santo onde triunfa Jesus Cristo..., e onde triunfamos nós, quando recebemos com alegria e generosamente o que Ele nos envia.

789 Após o Santo Sacrifício, percebeste como da tua Fé e do teu Amor – da tua penitência, da tua oração e da tua atividade – dependem em boa parte a perseverança dos teus e, por vezes, até a sua vida terrena.
– Bendita Cruz, que carregamos o meu Senhor Jesus – Ele –, e tu, e eu!

790 Oh, Jesus, quero ser uma fogueira de loucura de Amor! Quero que já a minha simples presença seja bastante para incendiar o mundo, num raio de muitos quilômetros, com um incêndio inextinguível. Quero saber que sou teu. Depois, que venha a Cruz...
– Magnífico caminho!: sofrer, amar e crer.

791 Quando estiveres doente, oferece com amor os teus sofrimentos, e eles se converterão em incenso que se eleva em honra de Deus e que te santifica.

792 Tens de ser, como filho de Deus e com a sua graça, varão ou mulher forte, de desejos e de realidades.

– Não somos plantas de estufa. Vivemos no meio do mundo, e temos de estar expostos a todos os ventos, ao calor e ao frio, à chuva e aos ciclones..., mas fiéis a Deus e à sua Igreja.

793 Como doem os desprezos, ainda que a vontade os queira!

– Não te admires: oferece-os a Deus.

794 Feriu-te muito esse desprezo!... – Isso significa que te esqueces com demasiada facilidade de quem és.

795 Ante as acusações que consideramos injustas, examinemos a nossa conduta, diante de Deus, «cum gaudio et pace» – com alegre serenidade –, e retifiquemos o nosso proceder, mesmo em coisas inocentes, se a caridade assim no-lo aconselha.

– Lutemos por ser santos, cada dia mais; e depois, "que falem", sempre que a esses falatórios se possa aplicar aquela bem-aventurança: «Beati estis cum... dixerint omne malum adversus vos mentientes propter me» – bem-

-aventurados sereis quando vos caluniarem por minha causa.

796 Afirmou-se – não me recordo de quem foi nem onde – que o vendaval da insídia se assanha contra os que sobressaem, como o furacão açoita os pinheiros mais altos.

797 Intrigas, interpretações miseráveis – talhadas à medida do coração vil que interpreta –, sussurros covardes... – É uma cena infelizmente repetida nos diversos ambientes: nem trabalham nem deixam trabalhar.
— Medita devagar aqueles versos do salmo: "Meu Deus, cheguei a ser um estranho para os meus irmãos, e um forasteiro para os filhos de minha mãe. Porque o zelo da tua casa me devorou, e os opróbrios dos que te ultrajavam caíram sobre mim"... E continua a trabalhar.

798 Não se pode fazer o bem, ainda que todas as almas sejam boas, sem que se produza a Cruz santa dos falatórios.

799 «In silentio et in spe erit fortitudo vestra» – no silêncio e na esperança residirá a vossa fortaleza..., assegura o Senhor aos seus. Calar-se e confiar: duas armas fundamentais no momento da adversidade, quando te forem negados os remédios humanos.

O sofrimento suportado sem queixa – olha para Jesus na sua Santa Paixão e Morte – dá também a medida do amor.

800 Assim rezava uma alma desejosa de ser inteiramente de Deus e, por Ele, de todas as almas: "Senhor, eu te peço que atues neste pecador, e que retifiques e purifiques e acrisoles as minhas intenções".

801 Tocou-me a condescendência – a transigência e a intransigência – daquele varão doutíssimo e santo, que dizia: – Avenho-me a tudo, menos a ofender a Deus.

802 Considera o bem que fizeram à tua alma aqueles que, durante a tua vida, te mortificaram ou procuraram mortificar-te.

– Há quem chame inimigos a essas pessoas. Tu – procurando imitar os santos, ao menos nisto, e valendo muito pouco para teres ou teres tido inimigos –, chama-os "benfeitores". E acontecerá que, à força de pedir por eles a Deus, lhes terás simpatia.

803 Filho, escuta-me bem: tu, feliz quando te maltratarem e te desonrarem; quando muita gente se alvoroçar e estiver na moda cuspir em ti, porque és «omnium peripsema» – como lixo para todos...

– Custa, custa muito. É duro, até que – finalmente – um homem se aproxima do Sacrário, vê-se considerado como toda a porcaria do mundo, como um pobre verme, e diz de verdade: "Senhor, se Tu não precisas da minha honra, eu para que a quero?"

Até então, não sabe o filho de Deus o que é ser feliz: até chegar a essa nudez, a essa entrega, que é entrega de amor, mas fundada na mortificação, na dor.

804 Contradição dos bons? – Coisas do demônio.

805 Quando perdes a calma e ficas nervoso, é como se tirasses razão à tua razão.

Nesses momentos, torna-se a ouvir a voz do Mestre a Pedro, que se afunda nas águas da sua falta de paz e dos seus nervos: "Por que duvidaste?"

806 A ordem dará harmonia à tua vida e te obterá a perseverança. A ordem proporcionará paz ao teu coração e gravidade à tua compostura.

807 Copio este texto, porque pode dar paz à tua alma: "Encontro-me numa situação econômica mais apertada que nunca. Não perco a paz. Tenho certeza absoluta de que Deus, meu Pai, resolverá todo este assunto de uma vez.

"Quero, Senhor, abandonar todos os meus cuidados nas tuas mãos generosas. A nossa Mãe – a tua Mãe! –, a estas horas, como em Caná, já fez soar aos teus ouvidos: – Não têm!... Eu creio em Ti, espero em Ti, amo-Te, Jesus: para mim, nada; para eles".

808 Amo a tua Vontade. Amo a santa pobreza, minha grande senhora.

– E abomino, para sempre, tudo o que suponha, mesmo de longe, falta de adesão à tua justíssima, amabilíssima e paternal Vontade.

809 O espírito de pobreza, de desprendimento dos bens terrenos, redunda na eficácia do apostolado.

810 Nazaré: caminho de fé, de desprendimento, onde o Criador se submete às criaturas tal como ao seu Pai celestial.

811 Jesus fala sempre com amor..., também quando nos corrige ou permite a tribulação.

812 Identifica-te com a Vontade de Deus..., e assim a contrariedade não é contrariedade.

813 Deus nos ama infinitamente mais do que tu mesmo te amas... Deixa, pois, que te exija!

814 Aceita sem medo a Vontade de Deus; formula sem vacilações o propósito de edificar toda a tua vida com o que nos ensina e exige a nossa fé.
— Deste modo, podes estar certo de que, mesmo com penas e até com calúnias, serás feliz, com uma felicidade que te impelirá a amar os outros e a fazê-los participar da tua alegria sobrenatural.

815 Se vierem contradições, deves ter a certeza de que são uma prova do amor de Pai que o Senhor tem por ti.

816 Nessa forja de dor que acompanha a vida de todas as pessoas que amam, o Senhor nos ensina que quem pisa sem medo – embora custe – onde pisa o Mestre, encontra a alegria.

817 Fortalece o teu espírito com a penitência, de tal maneira que, quando chegar a contradição, nunca desanimes.

818 Quando te proporás, de uma vez por todas, identificar-te com esse Cristo que é Vida?!

819 Para perseverar no seguimento dos passos de Jesus, é precisa uma liberdade contínua, um querer contínuo, um exercício contínuo da própria liberdade.

820 Maravilha-te descobrir que, em cada uma das possibilidades de melhorar, existem muitas metas diferentes...

– São outros caminhos dentro do "caminho", que evitam a possível rotina e te aproximam mais do Senhor.

– Tens de aspirar com generosidade às metas mais altas.

821 Deves trabalhar com humildade, quer dizer, contando primeiro com as bênçãos de Deus, que não te faltarão; depois, com os teus bons desejos; com os teus planos de trabalho; e com as tuas dificuldades!, sem esquecer que, entre essas dificuldades, deves pôr sempre a tua falta de santidade.

– Serás bom instrumento se lutares cada dia por ser melhor.

822 Confiaste-me que, na tua oração, abrias o coração com as seguintes palavras: "Considero, Senhor, as minhas misérias, que parecem aumentar apesar das tuas graças, sem dúvida pela minha falta de correspondência. Reconheço a ausência em mim da menor preparação para o empreendimento que pedes. E quando leio nos jornais que tantos e tantos homens de prestígio, de talento e de dinheiro falam e escrevem e organizam para defender o teu reinado..., olho para mim mesmo e vejo-me tão ninguém, tão ignorante e tão pobre, numa palavra, tão pequeno..., que me encheria de confusão e de vergonha se não soubesse que Tu me queres assim. Ó Jesus! Por outro lado, sabes bem como pus aos teus pés, com a maior das boas vontades, a minha ambição... Fé e Amor: Amar,

Crer, Sofrer. Nisto, sim, quero ser rico e sábio, mas não mais sábio nem mais rico do que Tu, na tua Misericórdia sem limites, tenhas determinado: porque devo pôr todo o meu prestígio e honra em cumprir fielmente a tua justíssima e amabilíssima Vontade".

— Aconselhei-te a não ficar só nesses bons desejos.

823 O amor a Deus convida-nos a levar a Cruz a pulso..., a sentir sobre os ombros o peso da humanidade inteira, e a cumprir, nas circunstâncias próprias do estado de vida e do trabalho de cada um, os desígnios – claros e amorosos ao mesmo tempo – da Vontade do Pai.

824 O maior louco que houve e haverá é Ele. É possível maior loucura do que entregar-se como Ele se entrega, e àqueles a quem se entrega?

Porque, na verdade, já teria sido loucura ficar como um Menino indefeso; mas, nesse caso, até mesmo muitos malvados se enterneceriam, sem atrever-se a maltratá-Lo. Achou que era pouco: quis aniquilar-se mais e dar-se mais. E fez-se comida, fez-se Pão.

— Divino Louco! Como é que te tratam os homens?... E eu mesmo?

825 Jesus, a tua loucura de amor rouba-me o coração. Estás inerme e pequeno, para engrandecer os que te comem.

826 Tens de conseguir que a tua vida seja essencialmente – totalmente! – eucarística.

827 Gosto de chamar "prisão de amor" ao Sacrário.
— Há vinte séculos que Ele está ali..., voluntariamente encerrado!, por mim, e por todos.

828 Pensaste alguma vez como te prepararias para receber o Senhor, se apenas se pudesse comungar uma vez na vida?
— Agradeçamos a Deus a facilidade que temos para aproximar-nos dEle, mas... temos de agradecer preparando-nos muito bem para recebê-Lo.

829 Diz ao Senhor que, daqui por diante, cada vez que celebres ou assistas à Santa Missa, e administres ou recebas o Sacramento Eucarístico, o farás com uma fé grande, com um amor que queime, como se fosse a última vez da tua vida.

– E sente dor pelas tuas negligências passadas.

830 Compreendo as tuas ânsias de receber diariamente a Sagrada Eucaristia, porque quem se sente filho de Deus tem imperiosa necessidade de Cristo.

831 Enquanto assistes à Santa Missa, pensa – porque é assim! – que estás participando num Sacrifício divino: sobre o altar, Cristo volta a oferecer-se por ti.

832 Quando O receberes, diz-Lhe: – Senhor, espero em ti; adoro-te, amo-te, aumenta-me a fé. Sê o apoio da minha debilidade, Tu, que ficaste na Eucaristia, inerme, para remediar a fraqueza das criaturas.

833 Devemos fazer nossas, por assimilação, aquelas palavras de Jesus: «Desiderio desideravi hoc Pascha manducare vobiscum» – desejei ardentemente comer esta Páscoa convosco. De nenhuma outra maneira poderemos manifestar

melhor o nosso máximo interesse e amor pelo Santo Sacrifício, do que observando esmeradamente até a menor das cerimônias prescritas pela sabedoria da Igreja.

E, além do Amor, deve urgir-nos a "necessidade" de nos parecermos com Jesus Cristo, não apenas interiormente, mas também externamente, movimentando-nos – nos amplos espaços do altar cristão – com aquele ritmo e harmonia da santidade obediente, que se identifica com a vontade da Esposa de Cristo, quer dizer, com a Vontade do próprio Cristo.

834 Temos de receber o Senhor, na Eucaristia, como se recebem os grandes da terra, e melhor! Com adornos, luzes, roupa nova...

– E se me perguntas que limpeza, que adornos e que luzes hás de ter, responder-te-ei: limpeza nos teus sentidos, um por um; adorno nas tuas potências, uma por uma; luz em toda a tua alma.

835 Sê alma de Eucaristia!

– Se o centro dos teus pensamentos e esperanças estiver no Sacrário, filho, que abundantes os frutos de santidade e de apostolado!

836 Os objetos empregados no culto divino deverão ser artísticos, tendo em conta que não é o culto para a arte, mas a arte para o culto.

837 Acode com perseverança ao Sacrário, fisicamente ou com o coração, para te sentires seguro, para te sentires sereno: mas também para te sentires amado... e para amar!

838 Copio umas palavras de um sacerdote, dirigidas aos que o seguiam no seu empreendimento apostólico: "Quando contemplardes a Sagrada Hóstia exposta no ostensório sobre o altar, vede que amor, que ternura a de Cristo. Eu o compreendo pelo amor que vos tenho; se pudesse estar longe trabalhando, e ao mesmo tempo junto de cada um de vós, com que gosto o faria!

"Cristo, porém, pode! E Ele, que nos ama com um amor infinitamente superior ao que possam albergar todos os corações da terra, ficou para que pudéssemos unir-nos sempre à sua Humanidade Santíssima, e para nos ajudar, para nos consolar, para nos fortalecer, para que sejamos fiéis".

839 Não penses que é fácil fazer da vida um serviço. É necessário traduzir em realidades tão bom desejo, porque "o reino de Deus não consiste em palavras, mas na virtude", ensina o Apóstolo; e porque a prática de uma constante ajuda aos outros não é possível sem sacrifício.

840 Deves sentir sempre e em tudo com a Igreja! — Por isso, tens de adquirir a formação espiritual e doutrinal necessária, que te faça pessoa de reto critério nas tuas opções temporais, humilde e pronto para retificar, quando perceberes que te enganaste.

— A nobre retificação dos erros pessoais é um modo, muito humano e muito sobrenatural, de exercer a liberdade pessoal.

841 Urge difundir a luz da doutrina de Cristo.

Tens de entesourar formação, encher-te de clareza de ideias, de plenitude da mensagem cristã, para poderes depois transmiti-la aos outros.

— Não esperes umas iluminações de Deus, que Ele não tem por que dar-te, quando dispões de meios humanos concretos: o estudo, o trabalho.

842 O erro não só obscurece a inteligência, como divide as vontades.

– Em contrapartida, «veritas liberabit vos» – a verdade vos livrará das facções que estiolam a caridade.

843 Procuras relacionar-te com esse colega que mal te diz bom dia..., e isso custa-te.

– Persevera e não o julgues; deve ter os "seus motivos", da mesma maneira que tu alimentas os teus para rezar mais por ele cada dia.

844 Se tu estás no mundo de quatro, como estranhas que os outros não sejam anjos?

845 Vigia com amor para viveres a santa pureza..., porque mais depressa se apaga uma fagulha do que um incêndio.

Mas toda a diligência humana, com a mortificação, e o cilício, e o jejum – armas necessárias! –, que pouco valem sem ti, meu Deus!

846 Lembra-te com constância de que tu colaboras na formação espiritual e humana dos que te rodeiam, e de todas as almas – até aí chega a bendita Comunhão dos Santos –, em qualquer momento: quando trabalhas e quando descansas; quando te veem alegre ou preocupado; quando na tua tarefa ou no meio da rua fazes a tua oração de filho de Deus, e transparece externamente a paz da tua alma; quando se nota que sofreste – que choraste – e sorris.

847 Uma coisa é a santa coação e outra a violência cega ou a vingança.

848 Já o disse o Mestre: oxalá nós, os filhos da luz, ponhamos, em fazer o bem, pelo menos o mesmo empenho e a obstinação com que os filhos das trevas se dedicam às suas ações!
— Não te queixes: trabalha antes para afogar o mal em abundância de bem.

849 É uma caridade falsa aquela que prejudica a eficácia sobrenatural do apostolado.

850 Deus precisa de mulheres e homens seguros, firmes, em quem seja possível apoiar-se.

851 Não vivemos para a terra, nem para a nossa honra, mas para a honra de Deus, para a glória de Deus, para o serviço de Deus: isto é o que nos há de mover!

852 Desde que Jesus Cristo Nosso Senhor fundou a Igreja, esta nossa Mãe tem sofrido contínua perseguição. Talvez em outros tempos as perseguições se fizessem abertamente, e agora organizam-se muitas vezes à socapa; mas, hoje como ontem, continua-se a combater a Igreja.

– Que obrigação temos de viver, diariamente, como católicos responsáveis!

853 Emprega para a tua vida esta receita: "Não me lembro de que existo. Não penso nas minhas coisas, porque não me sobra tempo".

– Trabalho e serviço!

854 A bondade inigualável da nossa Mãe Santa Maria discorre segundo estas diretrizes: um amor levado até ao extremo, cumprindo com esmero a Vontade divina, e um esquecimento completo de si mesma, feliz de estar onde Deus a quer.

– Por isso, nem o menor dos seus gestos é trivial. – Aprende.

SELEÇÃO

855 Comprometido! Como gosto desta palavra! – Nós, os filhos de Deus, obrigamo-nos – livremente – a viver dedicados ao Senhor, com o empenho de que Ele domine, de modo soberano e completo, na nossa vida.

856 A santidade – quando é verdadeira – transborda do recipiente, para encher outros corações, outras almas, dessa superabundância.

Nós, os filhos de Deus, santificamo-nos santificando. – Propaga-se à tua volta a vida cristã? Pensa nisto diariamente.

857 O Reino de Jesus Cristo. Isso é o que nos cabe! – Portanto, filho, sê generoso e não pretendas averiguar nenhuma das muitas razões que Ele tem para reinar em ti.

Se O olhas, bastar-te-á contemplar como te

ama..., sentirás fomes de corresponder, gritando-Lhe a plenos pulmões que "O amas hoje e agora", e compreenderás que, se tu não O abandonas, Ele não te abandonará.

858 O primeiro passo para aproximares os outros dos caminhos de Cristo é que te vejam contente, feliz, seguro no teu caminhar para Deus.

859 Um católico – homem ou mulher – não pode esquecer esta ideia-mestra: imitar Jesus Cristo, em todos os ambientes, sem repelir ninguém.

860 Nosso Senhor Jesus assim o quer: é preciso segui-Lo de perto. Não há outro caminho.

Esta é a obra do Espírito Santo em cada alma – na tua –, e deves ser dócil, para não levantar obstáculos ao teu Deus.

861 Sinal evidente de que procuras a santidade é – deixa-me chamá-lo assim! – o "são preconceito psicológico" de pensar habitualmente nos outros, esquecendo-te de ti mesmo, para aproximá-los de Deus.

862 Tem de ficar claramente gravado na tua alma que Deus não precisa de ti. – A sua chamada é uma misericórdia amorosíssima do seu Coração.

863 Deves tratar com afeto, com carinho – com caridade cristã! –, aquele que erra, mas sem admitir barganhas no que for contrário à nossa santa Fé.

864 Recorre a Maria, Doce Senhora, Mãe de Deus e Mãe nossa, pedindo-lhe a limpeza de alma e de corpo de todas as pessoas.

Diz-lhe que queres invocá-la – e que os outros a invoquem sempre –, e sempre vencer, nas horas ruins – ou boas, e muito boas – da luta contra os inimigos da nossa condição de filhos de Deus.

865 Ele veio à terra porque «omnes homines vult salvos fieri» – para redimir o mundo inteiro.

– Enquanto trabalhas lado a lado com tantas pessoas, lembra-te sempre de que não há alma que não interesse a Cristo!

866 Senhor! – afirmavas-Lhe –, gosto de ser agradecido; quero sê-lo sempre com todos.

– Pois olha: não és uma pedra..., nem um carvalho..., nem um mulo. Não pertences a esses seres que cumprem o seu fim aqui em baixo. E isso porque Deus quis fazer-te homem ou mulher – filho seu –..., e te ama «in caritate perpetua» – com amor eterno.

– Gostas de ser agradecido? E vais fazer uma exceção com o Senhor? – Procura que a tua ação de graças, diária, saia impetuosa do teu coração.

867 Compreensão, caridade real. Quando a tiveres conseguido de verdade, terás o coração grande para com todos, sem discriminações, e viverás – também com os que te maltrataram – o conselho de Jesus: "Vinde a mim todos os que andais abatidos..., e Eu vos aliviarei".

868 Tens de tratar com afeto os que ignoram as coisas de Deus. Mas com mais razão tens de tratar assim os que as conhecem: sem isto, não podes cumprir aquilo.

869 Se de verdade amasses a Deus com todo o teu coração, o amor ao próximo – que às vezes te é tão difícil – seria uma consequência necessária do Grande Amor. – E não te sentirias inimigo de ninguém, nem farias distinção de pessoas.

870   Tens ânsias, loucura divina de que as almas conheçam o Amor de Deus? Pois bem, na tua vida de todos os dias, oferece mortificações, reza, cumpre o dever, vence-te em tantos pequenos detalhes.

871   Fala-Lhe devagar: – Bom Jesus, se tenho de ser apóstolo – apóstolo de apóstolos –, é preciso que me faças muito humilde.

Que eu me conheça: que me conheça e que te conheça.

– Assim jamais perderei de vista o meu nada.

872   «Per Iesum Christum Dominum nostrum» – por Jesus Cristo, Senhor Nosso. Assim tens de fazer as coisas: por Jesus Cristo!

– É bom que tenhas um coração humano; mas, se fazes as coisas só porque se trata de uma pessoa determinada, mal! – Ainda que o faças também por esse irmão, por esse amigo, faze-o sobretudo por Jesus Cristo!

873 A Igreja, as almas – de todos os continentes, de todos os tempos atuais e vindouros – esperam muito de ti... Mas – que isto se meta bem na tua cabeça e no teu coração! – serás estéril se não fores santo: corrijo-me, se não lutares por ser santo.

874 Deixa-te modelar pelos golpes – fortes ou delicados – da graça. Esforça-te por não ser obstáculo, mas instrumento. E, se quiseres, a tua Mãe Santíssima te ajudará, e serás canal, em vez de pedra que desvie o curso das águas divinas.

875 Senhor, ajuda-me a ser-te fiel e dócil, «sicut lutum in manu figuli», como o barro nas mãos do oleiro. – E assim não viverei eu, mas viverás e agirás Tu em mim, Amor.

876 Jesus te fará ganhar um afeto grande por todas as pessoas com quem te relacionas, um afeto que em nada toldará o que tens por Ele. Ao contrário: quanto mais amares Jesus, mais gente caberá no teu coração.

877 Quanto mais a criatura se aproxima de Deus, mais universal se sente: dilata-se o seu coração, para que caibam todos e tudo, no único grande desejo de pôr o universo aos pés de Jesus.

878 Ao morrer na Cruz, Jesus tinha trinta e três anos. A juventude não pode servir de desculpa!

Além disso, cada dia que passa, vais deixando de ser jovem..., se bem que, com Ele, terás a sua juventude eterna.

879 Tens de rejeitar o nacionalismo, que dificulta a compreensão e a convivência: é uma das barreiras mais perniciosas de muitos momentos históricos.

E rejeita-o com mais força – porque seria mais nocivo –, se se pretende levá-lo ao Corpo da Igreja, que é onde mais deve resplandecer a união de tudo e de todos no amor a Jesus Cristo.

880 Tu, filho de Deus, que fizeste até agora para ajudar a alma dos que te rodeiam?

– Não podes conformar-te com essa passividade, com essa languidez: Ele quer chegar a outros através do teu exemplo, da tua palavra, da tua amizade, do teu serviço...

881 Sacrifica-te, entrega-te, e trabalha com as almas uma a uma, como se tratam uma a uma as joias preciosas.

– Mais ainda, hás de pôr nisso maior empenho, porque está em jogo algo de valor incomparável: o objetivo dessa atenção espiritual é preparar para o serviço de Deus bons instrumentos, que custaram a Cristo – cada um! – todo o seu Sangue.

882 Ser cristão e, de modo particular, ser sacerdote – lembrando-nos também de que todos os batizados participamos do sacerdócio real – é estar continuamente na Cruz.

883 Se fosses coerente, agora que viste a Sua luz, desejarias ser tão santo, como tão grande pecador foste: e lutarias por tornar realidade essas ânsias.

884 Não é orgulho, mas fortaleza, fazer sentir o peso da autoridade, cortando quanto houver que cortar, quando assim o exigir o cumprimento da Santa Vontade de Deus.

885 Às vezes, é preciso atar certas mãos, com reverência e sentido da medida, sem afrontas nem descortesia. Não por vingança, mas para curar. Não por castigo, mas como remédio.

886 Olhaste-me muito sério..., mas por fim entendeste-me, quando te comentei: "Quero reproduzir a vida de Cristo nos filhos de Deus, à força de a meditarem, para que atuem como Ele e falem somente dEle".

887 Jesus ficou na Eucaristia por amor..., por ti.
— Ficou, sabendo como é que os homens O receberiam..., e como é que tu O recebes.
— Ficou, para que O comas, para que O visites e Lhe contes as tuas coisas e, tratando-o com intimidade na oração junto do Sacrário e na recepção do Sacramento, te enamores mais de dia para dia, e faças que outras almas – muitas! – sigam o mesmo caminho.

888 Dizes-me que desejas viver a santa pobreza, o desprendimento das coisas que usas. – Pergunta-te a ti mesmo: – Tenho os afetos de Jesus Cristo, e os seus sentimentos, no que se refere à pobreza e às riquezas?
E aconselhei-te: – Além de descansares no teu Pai-Deus, com verdadeiro abandono de fi-

lho..., fixa particularmente os teus olhos nessa virtude, para amá-la como Jesus. E assim, em lugar de vê-la como uma cruz, hás de considerá-la como sinal de predileção.

889 Às vezes, com a sua atuação, alguns cristãos não dão ao preceito da caridade o valor máximo que tem. Cristo, rodeado pelos seus, naquele maravilhoso sermão final, dizia a modo de testamento: «Mandatum novum do vobis, ut diligatis invicem» – dou-vos um mandamento novo: que vos ameis uns aos outros.

E ainda insistiu: «In hoc cognoscent omnes quia discipuli mei estis» – nisto saberão todos que sois meus discípulos, se tiverdes amor uns aos outros.

– Oxalá nos decidamos a viver como Ele quer!

890 Se vier a faltar a piedade – esse laço que nos ata fortemente a Deus e, por Ele, aos outros, porque nos outros vemos Cristo –, é inevitável que se produza a desunião, com a perda de todo o espírito cristão.

891 Agradece de todo o coração ao Senhor as potências admiráveis... – e terríveis – da in-

teligência e da vontade, com as quais Ele quis criar-te. Admiráveis, porque te fazem semelhante a Ele; terríveis, porque há homens que as reviram contra o seu Criador.

A mim, como síntese do nosso agradecimento de filhos de Deus, ocorre-me dizer, agora e sempre, a este Pai nosso: «Serviam!» – eu te servirei!

892 Sem vida interior, sem formação, não há verdadeiro apostolado nem obras fecundas: o trabalho é precário e até fictício.

– Que responsabilidade, portanto, a dos filhos de Deus! Devemos ter fome e sede dEle e da sua doutrina.

893 Diziam àquele bom amigo, para humilhá-lo, que a sua alma era de segunda ou de terceira classe.

Convencido do seu nada, sem se aborrecer, raciocinava assim: – Como cada homem não tem senão uma alma – eu a minha, uma só também –, para cada um a sua alma será... de primeira classe. Não quero abaixar a pontaria! Portanto, tenho uma alma de "primeiríssima", e quero, com a ajuda de Deus, purificá-la e branqueá-la e inflamá-la, para que o Amado esteja muito contente.

— Não o esqueças: tu também – ainda que te vejas cheio de misérias – não podes "abaixar a pontaria".

894 Para ti, que te queixas de estar só, de que o ambiente é agressivo: pensa que Cristo Jesus, Bom Semeador, nos aperta a cada um dos seus filhos na sua mão chagada – como ao trigo –; inunda-nos com o seu Sangue, purifica-nos, limpa-nos, embriaga-nos!...; e depois, generosamente, lança-nos pelo mundo um a um: que o trigo não se semeia aos sacos, mas grão a grão.

895 Insisto: suplica ao Senhor que conceda aos seus filhos o "dom de línguas", o dom de se fazerem entender por todos.

A razão pela qual desejo este "dom de línguas", podes deduzi-la das páginas do Evangelho, repletas de parábolas, de exemplos que materializam a doutrina e ilustram as coisas espirituais, sem envilecer nem degradar a palavra de Deus.

Para todos – doutos e menos doutos –, é

mais fácil considerar e entender a mensagem divina através dessas imagens humanas.

896 Nestes momentos – e sempre! –, quando o Senhor quer que a sua semente se espalhe, numa divina dispersão pelos diversos ambientes, quer também que a extensão não faça perder a intensidade...

E tu tens a missão, clara e sobrenatural, de contribuir para que essa intensidade não se perca.

897 Sim, tens razão: que profundidade, a da tua miséria! Só por ti, onde estarias agora, até onde terias chegado?...

"Somente um Amor cheio de misericórdia pode continuar a amar-me", reconhecias.

– Consola-te: Ele não te negará nem o seu Amor nem a sua misericórdia, se O procuras.

898 Tens de procurar que haja, no meio do mundo, muitas almas que amem a Deus de todo o coração.

É hora de fazer contas: quantas ajudaste tu a descobrir esse Amor?

899 A presença e o testemunho dos filhos de Deus no mundo é para arrastar, não para se deixar arrastar; para dar o seu próprio ambiente – o de Cristo –, não para se deixar dominar por outro ambiente.

900 Tens obrigação de aproximar-te dos que te rodeiam, de sacudi-los da sua modorra, de rasgar horizontes diferentes e amplos à sua existência aburguesada e egoísta, de lhes complicar santamente a vida, de fazer que se esqueçam de si mesmos e compreendam os problemas dos outros.

Senão, não és bom irmão dos teus irmãos, os homens, que estão precisados desse «gaudium cum pace» – dessa alegria e dessa paz que talvez não conheçam ou tenham esquecido.

901 Nenhum filho da Igreja Santa pode viver tranquilo sem experimentar inquietação perante as massas despersonalizadas: rebanho, manada, vara, escrevi certa vez. Quantas paixões nobres não existem na sua aparente indiferença! Quantas possibilidades!

É necessário servir a todos, impor as mãos sobre cada um – «singulis manus imponens», como fazia Jesus –, para devolvê-los à vida, para lhes iluminar a inteligência e robustecer a vontade, para que sejam úteis!

902 Eu também não pensava que Deus me apanharia como o fez. Mas o Senhor – deixa-me que te repita – não nos pede licença para nos "complicar a vida". Mete-se e... pronto!

903 Senhor, confiarei somente em ti. Ajuda-me a ser-te fiel, porque sei que, desta fidelidade em servir-te, deixando nas tuas mãos todas as minhas preocupações e cuidados, posso esperar tudo.

904 Agradeçamos muito e com frequência esta chamada maravilhosa que recebemos de Deus: que seja uma gratidão real e profunda, estreitamente unida à humildade.

905 O privilégio de nos contarmos entre os filhos de Deus – felicidade suprema – é sempre imerecido.

906 Corta o coração aquele clamor – sempre atual! – do Filho de Deus, que se lamenta porque a messe é muita e os operários são poucos.
— Esse grito saiu da boca de Cristo para

que também tu o ouvisses. Como lhe respondeste até agora? Rezas, ao menos diariamente, por essa intenção?

907 Para seguir o Senhor, é preciso dar-se de uma vez, sem reservas e energicamente: cortar as amarras com decisão, para que não haja possibilidades de retroceder.

908 Não te assustes quando Jesus te pedir mais, mesmo a felicidade das pessoas do teu sangue. Convence-te de que, de um ponto de vista sobrenatural, Ele tem o direito de passar por cima dos teus, para a sua Glória.

909 Afirmas que queres ser apóstolo de Cristo.
— Fico muito feliz em ouvir-te. Peço ao Senhor que te conceda perseverança. E lembra-te de que, da nossa boca, do nosso pensamento, do nosso coração, não devem sair senão motivos divinos, fome de almas, assuntos que de um modo ou de outro levem a Deus; ou, pelo menos, que não te afastem dEle.

910 A Igreja precisa — e precisará sempre — de sacerdotes. Pede-os diariamente à Trindade Santíssima, por meio de Santa Maria.

– E pede que sejam alegres, operativos, eficazes; que estejam bem preparados; e que se sacrifiquem com gosto pelos seus irmãos, sem sentir-se vítimas.

911 Recorre constantemente à Virgem Santíssima, Mãe de Deus e Mãe da humanidade. E Ela atrairá, com suavidade de Mãe, o amor de Deus às almas das tuas relações, para que se decidam – no seu trabalho ordinário, na sua profissão – a ser testemunhas de Cristo.

FECUNDIDADE

912 Tens de corresponder ao amor divino sendo fiel, muito fiel! E, como consequência dessa fidelidade, tens de levar a outras pessoas o Amor que recebeste, para que também elas gozem do encontro com Deus.

913 Meu Senhor Jesus: faz que eu sinta e secunde de tal modo a tua graça, que esvazie o meu coração..., para que o preenchas Tu, meu Amigo, meu Irmão, meu Rei, meu Deus, meu Amor!

914 Se não mostras – com a tua oração, com o teu sacrifício, com a tua ação – uma constante preocupação de apostolado, isso é sinal evi-

dente de que te falta felicidade e de que tem de aumentar a tua fidelidade.

– Aquele que tem a felicidade, o bem, procura dá-lo aos outros.

915 Quando calcares de verdade o teu próprio eu e viveres para os outros, então serás instrumento apto nas mãos de Deus.

Ele chamou – chama – os seus discípulos, e manda-lhes: «Ut eatis!» – ide buscar a todos.

916 Decide-te a incendiar o mundo em amores limpos – podes fazê-lo –, a fim de tornar feliz a humanidade inteira, aproximando-a verdadeiramente de Deus.

917 «In modico fidelis!» – fiel no pouco... – O teu trabalho, meu filho, não consiste só em salvar almas, mas em santificá-las, dia a dia, dando a cada instante – mesmo aos aparentemente triviais – vibração de eternidade.

918 Não se pode separar a semente da doutrina da semente da piedade.

A tua tarefa de semeador de doutrina só poderá evitar os micróbios que a tornem ineficaz se fores piedoso.

919 Assim como a imensa maquinaria de dezenas de fábricas pára, fica sem força, quando a corrente elétrica se interrompe, também o apostolado deixa de ser fecundo sem a oração e a mortificação, que movem o Coração Sacratíssimo de Cristo.

920 Se fores fiel aos impulsos da graça, darás bons frutos: frutos duradouros para a glória de Deus.

– Ser santo implica ser eficaz, mesmo que o santo não toque nem veja a eficácia.

921 A retidão de intenção está em procurar "somente e em tudo" a glória de Deus.

922 O apostolado – manifestação evidente de vida espiritual – é um adejar constante que leva a sobrenaturalizar cada detalhe da jornada – grande ou pequeno –, pelo amor a Deus que se põe em tudo.

923 Tinha sempre, como marca nos livros que lhe serviam de leitura, uma tira de papel com este lema, escrito em caracteres amplos e enérgicos: «Ure igne Sancti Spiritus!» Dir-se-ia que, em vez de escrever, gravava: – Queima com o fogo do Espírito Santo!

Esculpido na tua alma, e acendido na tua boca, e ateado nas tuas obras, cristão, quereria eu deixar esse fogo divino.

924 Tens de procurar ser uma criança com santa desvergonha, que "sabe" que seu Pai-Deus lhe envia sempre o melhor.

Por isso, quando lhe falta até o que parece mais necessário, não se aflige; e, cheia de paz, diz: – Resta-me e tenho o Espírito Santo.

925 Cuida da tua oração diária por esta intenção: que todos os católicos sejamos fiéis, que nos decidamos a lutar por ser santos.

– É lógico! Que outra coisa havemos de desejar àqueles que amamos, àqueles que estão ligados a nós pelo forte vínculo da fé?

926 Quando me dizem que há pessoas entregues a Deus que já não se aplicam fervorosamente à santidade, penso que isso – se tiver alguma parcela de verdade – conduzirá ao grande fracasso das suas vidas.

927 «Qui sunt isti, qui ut nubes volant, et quasi columbae ad fenestras suas?» – Quem são esses que voam como nuvens, como as pombas para os seus ninhos?, pergunta o Profeta. E comenta um autor: "As nuvens têm a sua origem no mar e nos rios, e, depois de uma circulação ou percurso mais ou menos longo, voltam outra vez à sua fonte".

E eu te acrescento: – Assim tens de ser tu: nuvem que fecunde o mundo, fazendo-o viver vida de Cristo... Essas águas divinas banharão – ensopando-as – as entranhas da terra; e, em vez de sujar-se, filtrar-se-ão ao atravessarem tanta impureza, e brotarão fontes limpíssimas, que depois serão arroios e rios imensos para saciar a sede da humanidade.

– Depois, retira-te para o teu Refúgio, para o teu Mar imenso, para o teu Deus, sabendo que continuarão a amadurecer mais frutos, com a rega sobrenatural do teu apostolado, com a fecundidade das águas de Deus, que durarão até o fim dos tempos.

928 Menino: oferece-Lhe também as penas e as dores dos outros.

929 Penas? Contrariedades por causa daquele episódio ou daquele outro?... Não vês que assim o quer teu Pai-Deus..., e Ele é bom..., e Ele te ama – a ti só! – mais do que todas as mães do mundo juntas podem amar os seus filhos?

930 Examina com sinceridade o teu modo de seguir o Mestre. Considera se não te entregaste de uma maneira oficial e seca, com uma fé que não tem vibração; se não há falta de humildade, de sacrifício, e de obras nos teus dias; se não há em ti senão fachada e não estás atento ao detalhe de cada instante..., numa palavra, se não te falta Amor.

Se é assim, não te pode surpreender a tua ineficácia. Reage imediatamente, levado pela mão de Santa Maria!

931 Quando tiveres alguma necessidade, alguma contrariedade – pequena ou grande –, invoca o teu Anjo da Guarda, para que a resolva com Jesus ou te preste o serviço de que estejas precisando em cada caso.

932 Deus está metido no centro da tua alma, da minha, e na de todos os homens em graça. E está para alguma coisa: para que tenhamos mais sal, e para que adquiramos muita luz, e para que saibamos distribuir esses dons de Deus, cada um do lugar onde está.   ▷

E como poderemos distribuir esses dons de Deus? Com humildade, com piedade, bem unidos à nossa Mãe a Igreja.

– Lembras-te da videira e dos ramos? Que fecundidade a do ramo unido à videira! Que cachos generosos! E que esterilidade a do ramo separado, que seca e perde a vida!

933 Jesus, que o meu pobre coração se deixe inundar pelo oceano do teu Amor, com ondas tais que limpem e expulsem de mim toda a minha miséria... Derrama as águas puríssimas e ardentes do teu Coração no meu, até que, satisfeita a minha ânsia de amar-te, não podendo represar mais afetos do divino incêndio, se rompa – morrer de Amor! –, e esse teu Amor salte, em cataratas vivificantes e irresistíveis e fecundíssimas, para outros corações que vibrem, ao contacto de tais águas, com vibrações de Fé e de Caridade.

934 Tens de viver a Santa Missa!

– Ajudar-te-á aquela consideração que fazia de si para si um sacerdote enamorado: – É possível, meu Deus, participar da Santa Missa e não ser santo?

– E continuava: – Cumprindo um propósito

antigo, ficarei metido cada dia na Chaga do Lado do meu Senhor!

— Anima-te!

935 Quanto bem e quanto mal podes fazer!

— Bem, se fores humilde e souberes entregar-te com alegria e com espírito de sacrifício; bem, para ti e para os teus irmãos os homens, para a Igreja, para esta Mãe boa.

— E quanto mal, se te deixares guiar pela tua soberba.

936 Não te aburgueses, porque — se estás aburguesado — estorvas, convertes-te num peso morto para o apostolado e, sobretudo, num motivo de dor para o Coração de Cristo!

Não deixes de fazer apostolado, não abandones o teu esforço por trabalhar do melhor modo possível, não descures a tua vida de piedade.

— Deus fará o resto.

937 De vez em quando, é preciso fazer com as almas como com o fogo da lareira: mete-se um atiçador de ferro e remexe-se, para tirar a escória, que é o que mais brilha e é a causa de que se apague o fogo do amor de Deus.

938 Iremos a Jesus, ao Tabernáculo, para conhecê-Lo, para digerir a sua doutrina, para entregar esse alimento às almas.

939 Quando tiveres o Senhor no teu peito e saboreares os delírios do seu Amor, promete-Lhe que te esforçarás por mudar o rumo da tua vida em tudo o que for necessário, para levá-Lo à multidão, que não O conhece, que anda vazia de ideais: que, infelizmente, caminha animalizada.

940 "Onde há caridade e amor, aí está Deus", canta o hino litúrgico. E assim pôde anotar aquela alma: "É um tesouro grande e maravilhoso este amor fraterno, que não se detém num simples consolo – necessário muitas vezes –, mas transmite a segurança de ter a Deus perto, e se manifesta pela caridade dos que nos rodeiam e com os que nos rodeiam".

941 Foge do espetáculo! Que seja Deus quem conheça a tua vida, porque a santidade passa despercebida, ainda que esteja cheia de eficácia.

942 Procura prestar a tua ajuda sem que os outros o notem, sem que te louvem, sem que ninguém te veja..., para que, passando oculto, como o sal, condimentes os ambientes em que te moves; e contribuas para conseguir que – graças ao teu sentido cristão – tudo seja natural, amável e saboroso.

943 Para que este nosso mundo caminhe por um trilho cristão – o único que vale a pena –, temos de viver uma amizade leal com os homens, baseada numa prévia amizade leal com Deus.

944 Ouviste-me falar muitas vezes do «apostolado ad fidem».
 Não mudei de opinião: que maravilhoso campo de trabalho nos espera em todo o mundo, com aqueles que não conhecem a verdadeira fé e, contudo, são nobres, generosos e alegres!

945 Com frequência, sinto ímpetos de gritar ao ouvido de tantas e de tantos que – no escritório e nas lojas, no jornal e na tribuna, na escola, na oficina e nas minas e no campo –, amparados pela vida interior e pela Comunhão dos Santos, têm de ser portadores de Deus em todos os ambientes, segundo o ensinamento do

Apóstolo: "Glorificai a Deus com a vossa vida e levai-O sempre convosco".

946 Os que temos a verdade de Cristo no coração devemos meter esta verdade no coração, na cabeça e na vida dos outros. O contrário seria comodismo, tática falsa.

Pensa de novo: Cristo pediu-te licença para se meter na tua alma? – Deixou-te a liberdade de segui-Lo, mas foi Ele que te procurou, porque quis.

947 Com obras de serviço, podemos preparar para o Senhor um triunfo maior que o da sua entrada em Jerusalém... Porque não se repetirão as cenas de Judas, nem a do Horto das Oliveiras, nem aquela noite fechada... Conseguiremos que o mundo arda nas chamas do fogo que Ele veio trazer à terra!... E a luz da Verdade – o nosso Jesus – iluminará as inteligências num dia sem fim.

948 Não te assustes! Tu, por seres cristão, tens o direito e o dever de provocar nas almas a crise saudável que as leve a viver voltadas para Deus.

949 Tens de pedir pelo mundo inteiro, pelos homens de todas as raças, e de todas as línguas, e de todas as crenças; pelos homens que têm uma ideia vaga da religião, e pelos que não conhecem a fé.

– E esta ânsia de almas, que é prova fiel e clara de que amamos Jesus, fará que Jesus venha.

950 Ao ouvirem falar de trabalho de almas em terras longínquas, como lhes brilhavam os olhos! Davam a impressão de estar dispostos a saltar o oceano de um pulo. É que o mundo é muito pequeno, quando o Amor é grande.

951 Nenhuma alma – nenhuma! – te pode ser indiferente.

952 Um discípulo de Cristo nunca raciocinará assim: "Eu procuro ser bom, e os outros, se quiserem..., que vão para o inferno".

Esse comportamento não é humano, nem se coaduna com o amor de Deus, nem com a caridade que devemos ao próximo.

953 Quando o cristão compreende e vive a catolicidade, quando percebe a urgência de anunciar a Boa Nova da salvação a todas as criaturas, sabe que – como ensina o Apóstolo – tem de fazer-se "tudo para todos, para salvar a todos".

954 Tens de amar os teus irmãos, os homens, até o extremo de que mesmo os seus defeitos – quando não forem ofensa a Deus – não te pareçam defeitos. Se não amas senão as boas qualidades que vês nos outros – se não sabes compreender, desculpar, perdoar –, és um egoísta.

955 Não podes destruir, com a tua negligência ou com o teu mau exemplo, as almas dos teus irmãos, os homens.
— Tens – apesar das tuas paixões! – a responsabilidade da vida cristã dos teus próximos, da eficácia espiritual de todos, da sua santidade!

956 Longe fisicamente e, no entanto, muito perto de todos: muito perto de todos!..., repetias feliz.
Estavas contente, graças a essa comunhão de caridade de que te falei, que tens de avivar sem cansaço.

957 Perguntas-me o que é que poderias fazer por esse teu amigo, para que não se encontre só.

— Dir-te-ei o que digo sempre, porque temos à nossa disposição uma arma maravilhosa que resolve tudo: rezar. Primeiro, rezar. E, depois, fazer por ele o que quererias que fizessem por ti em circunstâncias semelhantes.

Sem o humilhar, é preciso ajudá-lo de tal maneira que lhe seja fácil o que lhe é difícil.

958 Põe-te sempre nas circunstâncias do próximo: assim verás os problemas ou as questões serenamente, não te desgostarás, compreenderás, desculparás, corrigirás quando e como for necessário, e encherás o mundo de caridade.

959 Não se pode ceder naquilo que é de fé. Mas não te esqueças de que, para dizer a verdade, não é preciso maltratar ninguém.

960 Quando for para bem do próximo, não te cales, mas fala de modo amável, sem destemperança nem irritação.

961 Não é possível comentar acontecimentos ou doutrinas sem mencionar pessoas..., que não

julgas: «Qui iudicat Dominus est» – é Deus quem julga.

– Não te preocupes, pois, se alguma vez tropeças com um interlocutor sem reta consciência que – por má fé ou por falta de critério – qualifica as tuas palavras como murmuração.

962 Alguns pobrezinhos sentem-se incomodados pelo bem que fazes, como se o bem deixasse de sê-lo quando não são eles que o fazem ou controlam...

– Que essa incompreensão não te sirva de desculpa para afrouxares na tua tarefa. Esforça-te por render com maior empenho, agora: quando na terra te faltam aplausos, mais grata chega ao Céu a tua tarefa.

963 Às vezes, cinquenta por cento da atividade se perde em lutas intestinas, que têm por fundamento a ausência de caridade, e as histórias e as intrigas entre irmãos. Por outro lado, vinte e cinco por cento da atividade se perde em levantar edifícios desnecessários para o apostolado. Não se deve consentir nunca na murmuração e não se deve perder o tempo em construir tantas casas, e assim as pessoas serão apóstolos cem por cento.

FECUNDIDADE

964 Tens de pedir a Deus para os sacerdotes – os de agora e os que virão – que amem de verdade, cada dia mais e sem discriminações, os seus irmãos, os homens, e que saibam fazer-se querer por eles.

965 Pensando nos sacerdotes do mundo inteiro, tens de ajudar-me a rezar pela fecundidade dos seus apostolados.

— Sacerdote, meu irmão, fala sempre de Deus, porque, se és dEle, não haverá monotonia nos teus colóquios.

966 A pregação, a pregação de Cristo "Crucificado", é a palavra de Deus.

Os sacerdotes devem preparar-se do melhor modo possível, antes de exercerem tão divino ministério, procurando a salvação das almas.

Os leigos devem escutar com respeito especialíssimo.

967 Causou-me alegria o que diziam daquele sacerdote: "Prega com toda a alma... e com todo o corpo".

968 Deves rezar assim, alma de apóstolo: – Senhor, faz que eu saiba "apertar" as pessoas e incendiá-las todas em fogueiras de Amor, que sejam o motor único das nossas atividades.

969 Nós, os católicos, temos de andar pela vida como apóstolos: com luz de Deus, com sal de Deus. Sem medo, com naturalidade, mas com tal vida interior, com tal união com o Senhor, que iluminemos, que evitemos a corrupção e as sombras, que espalhemos o fruto da serenidade e a eficácia da doutrina cristã.

970 Saiu o semeador a semear, a lançar aos quatro ventos a semente em todas as encruzilhadas da terra... – Bendito trabalho o nosso!: encarregarmo-nos de que, em todas as circunstâncias de lugares e de épocas, a palavra de Deus lance raízes, germine e dê fruto.

971 «Dominus dabit benignitatem suam et terra nostra dabit fructum suum» – o Senhor dará a sua bênção, e a nossa terra produzirá o seu fruto.
 – Sim, essa bênção é a origem de todo o bom fruto, o clima necessário para que no nosso mundo possamos cultivar santos, homens e mulheres de Deus.

«Dominus dabit benignitatem» – o Senhor

dará a sua bênção. – Mas, repara bem, a seguir diz que espera o nosso fruto – o teu, o meu –, e não um fruto raquítico, desmedrado, por não termos sabido entregar-nos. Ele espera-o abundante, porque nos cumula de bênçãos.

972 Vias a tua vocação como essas cápsulas que encerram a semente. Há de chegar o momento da expansão, e haverá um germinar múltiplo e simultâneo.

973 Dentro da grande multidão humana – interessam-nos todas as almas –, tens de ser fermento, para que, com a ajuda da graça divina e com a tua correspondência, atues em todos os cantos do mundo como o fermento, que dá qualidade, que dá sabor, que dá volume, a fim de que o pão de Cristo possa alimentar depois outras almas.

974 Os inimigos de Jesus – e alguns que se dizem seus amigos –, cobertos com a armadura da ciência humana, empunhando a espada do poder, riem-se dos cristãos como o filisteu se ria de Davi, desprezando-o.

Também agora cairá por terra o Golias do ódio, da falsia, da prepotência, do laicismo, do indiferentismo...; e nessa altura, ferido o gigantão dessas falsas ideologias pelas armas aparentemente débeis do espírito cristão – oração, expiação, ação –, despojá-lo-emos da armadura das suas errôneas doutrinas, para revestirmos os nossos irmãos, os homens, da verdadeira ciência: a cultura e a prática cristãs.

975 Nas campanhas contra a Igreja, maquinam muitas organizações – às vezes, de braço dado com os que se chamam bons –, que aliciam o povo com imprensa, folhetos, pasquins, calúnias, propaganda falada. Depois, levam-no para onde querem: para o próprio inferno. Pretendem que a massa seja amorfa, como se as pessoas não tivessem alma..., e dão pena.

Mas, como as pessoas têm alma, é preciso arrancá-las das garras dessas organizações do mal e pô-las a serviço de Deus.

976 Uma percentagem muito considerável das pessoas que frequentam os Sacramentos, lê a má imprensa...

Com calma e com amor de Deus, temos que rezar e dar doutrina, para que não leiam esses papeluchos endiabrados que, segundo dizem – porque se envergonham –, são comprados por pessoas da família, ainda que talvez o façam eles próprios.

977 Tens que defender a verdade, com caridade e com firmeza, quando se trata das coisas de Deus. Tens de praticar a santa desvergonha de denunciar os erros, que algumas vezes são pequenas insídias; outras, odiosas razões ou descaradas ignorâncias; e, geralmente, manifestação da impotência dos homens, que não podem tolerar a fecundidade da palavra de Deus.

978 Em momentos de desorientação geral, quando clamas ao Senhor pedindo pelas almas – que são dEle! –, ficas com a impressão de que não te ouve, como se se fizesse surdo aos teus apelos. Chegas a pensar que o teu trabalho apostólico é em vão.

– Não te preocupes! Continua a trabalhar com a mesma alegria, com a mesma vibração, com o mesmo ímpeto. – Deixa-me que insista: quando se trabalha por Deus, nada é infecundo!

979 Filho: todos os mares deste mundo são nossos, e onde a pesca for mais difícil, é também mais necessária.

980 Com a tua doutrina de cristão, com a tua vida íntegra e com o teu trabalho bem feito, tens que dar bom exemplo – no exercício da tua profissão e no cumprimento dos deveres do teu cargo – aos que te rodeiam: aos teus parentes, amigos, colegas, vizinhos, alunos... – Não podes ser um "marreteiro".

981 Pela tua intimidade com Cristo, tens obrigação de dar fruto.

– Fruto que sacie a fome das almas, quando se aproximarem de ti no trabalho, na convivência, no ambiente familiar...

982 Com o teu cumprimento alegre e generoso do dever, consegues também abundante graça do Senhor para outras almas.

983 Esforça-te por levar o teu sentido cristão ao mundo, para que haja muitos amigos da Cruz.

984 Além da sua graça copiosa e eficaz, o Senhor deu-te a cabeça, as mãos, as faculdades intelectuais, para que faças frutificar os teus talentos.

Deus quer realizar milagres constantes –

ressuscitar mortos, dar ouvido aos surdos, vista aos cegos, possibilidades de andar aos coxos... –, através da tua atuação profissional santificada, convertida em holocausto grato a Deus e útil às almas.

985 No dia em que não procurares aproximar os outros de Deus – tu, que deves ser sempre brasa incandescente –, converter-te-ás num carvãozinho desprezível, ou num montãozinho de cinza que um sopro de vento dispersa.

– Tens de levar fogo, tens de ser algo que queime, que arda, que produza fogueiras de amor, de fidelidade, de apostolado.

986 Invoca a Santíssima Virgem; não deixes de pedir-lhe que se mostre sempre tua Mãe: «Monstra te esse Matrem!», e que te alcance, com a graça do seu Filho, luz de boa doutrina na inteligência, e amor e pureza no coração, a fim de que saibas ir para Deus e levar-Lhe muitas almas.

ETERNIDADE

987 Um filho de Deus não tem medo da vida nem medo da morte, porque o fundamento da sua vida espiritual é o sentido da filiação divina: Deus é meu Pai – pensa – e é o Autor de todo o bem, é toda a Bondade.

– Mas será que tu e eu nos comportamos, de verdade, como filhos de Deus?

988 Encheu-me de júbilo ver que compreendias o que te disse: – Tu e eu temos de agir e viver e morrer como enamorados, e assim "viveremos" eternamente.

989 O Senhor vence sempre. – Se fores seu instrumento, também tu vencerás, porque travarás os combates de Deus.

990 A santidade consiste precisamente nisto: em lutarmos por ser fiéis durante a vida; e em aceitarmos gozosamente a Vontade de Deus na hora da morte.

991 Quando receberes o Senhor na Eucaristia, agradece-Lhe com todas as veras da tua alma essa bondade de estar contigo.

– Não te detiveste a considerar que passaram séculos e séculos, até que viesse o Messias? Os patriarcas e os profetas pediam, com todo o povo de Israel: – A terra tem sede, Senhor, vem!

– Oxalá seja assim a tua espera de amor.

992 A despeito dos que negam a Deus, também nestes tempos a terra está muito perto do Céu.

993 Escrevias: "«Simile est regnum caelorum» – o Reino dos Céus é semelhante a um tesouro... Esta passagem do Santo Evangelho caiu na minha alma e lançou raízes. Já a tinha lido muitas vezes, sem captar a sua substância, o seu sabor divino".

Tudo..., tudo tem que ser vendido pelo homem sensato, para conseguir o tesouro, a pérola preciosa da Glória!

994 Tens de entrar em colóquio com Santa Maria e confiar-lhe: – Ó Senhora, para viver o ideal que Deus meteu no meu coração, preciso voar... muito alto, muito alto!

Não basta que te desprendas, com a ajuda divina, das coisas deste mundo, sabendo que são terra. Mais ainda: mesmo que coloques o universo inteiro num montão debaixo dos teus pés, para estares mais perto do Céu..., não basta!

Precisas voar, sem te apoiares em nada daqui de baixo, pendente da voz e do sopro do Espírito.

– Mas, disseste-me, as minhas asas estão manchadas!: barro de anos, sujo, pegajoso...

E insisti contigo: – Recorre à Virgem. – Senhora – repete-lhe –, mal consigo levantar voo!, a terra atrai-me como um ímã maldito! – Senhora, tu podes fazer que a minha alma se lance no voo definitivo e glorioso que termina no Coração de Deus.

– Confia, que Ela te escuta.

995 Pensa como é grato a Deus Nosso Senhor o incenso que se queima em sua honra; pensa também como valem pouco as coisas da terra, que, mal começam, já acabam...

Pelo contrário, um grande Amor te espera

no Céu: sem traições, sem enganos: todo o amor, toda a beleza, toda a grandeza, toda a ciência...! E sem enjoar: saciar-te-á sem saciar.

996 Sentido sobrenatural! Calma! Paz! Deves olhar assim as coisas, as pessoas e os acontecimentos..., com olhos de eternidade.

Então, qualquer muro que te feche a passagem – mesmo que, falando humanamente, seja impressionante –, mal levantes os olhos de verdade ao Céu, como é pouca coisa!

997 Se estamos perto de Cristo e seguimos os seus passos, temos que amar de todo o coração a pobreza, o desprendimento dos bens terrenos, as privações.

998 Na vida espiritual, muitas vezes é preciso saber perder, aos olhos da terra, para ganhar no Céu. – Assim ganha-se sempre.

999 Mentem os homens quando dizem "para sempre" nas coisas temporais. Só é verdade, com uma verdade total, o "para sempre" da eternidade.

– E assim hás de viver tu, com uma fé que

te faça sentir sabores de mel, doçuras de céu, ao pensares nessa eternidade que, essa sim, é para sempre!

1000 Se não houvesse outra vida além desta, a vida seria uma brincadeira cruel: hipocrisia, maldade, egoísmo, traição.

1001 Continua em frente, com alegria, com esforço, ainda que valhas tão pouco, nada!
– Com Ele, ninguém te deterá no mundo. Pensa, além disso, que tudo é bom para os que amam a Deus: nesta terra, tudo tem conserto, menos a morte: e, para nós, a morte é Vida.

1002 Para salvares o homem, Senhor, morres na Cruz; e, no entanto, por um só pecado mortal, condenas o homem a uma eternidade infeliz de tormentos... Quanto te ofende o pecado, e quanto não devo odiá-lo!

1003 Assegura Santa Teresa que "quem não faz oração não precisa de demônio que o tente; ao passo que quem a faz apenas quinze minutos por dia, necessariamente se salva"..., porque o diálogo com o Senhor – amável, mesmo nos tempos de aspereza ou de secura da alma – descobre-nos o autêntico relevo e a justa dimensão da vida.

Sê alma de oração.

1004 "Logo, tu és rei"... – Sim, Cristo é o Rei, que não só te concede audiência quando o desejas, mas, em delírio de Amor, até abandona – bem me entendes – o magnífico palácio do Céu, ao qual tu ainda não podes chegar, para te esperar no Sacrário.

– Não te parece absurdo não irmos pressurosos e com mais constância falar com Ele?

1005 Estou cada vez mais persuadido disto: a felicidade do Céu é para os que sabem ser felizes na terra.

1006 Vejo com clareza meridiana a fórmula, o segredo da felicidade terrena e eterna: não somente conformar-se com a Vontade de Deus, mas aderir, identificar-se, querer – numa palavra –, com um ato positivo da nossa vontade, a Vontade divina.

– Este é o segredo infalível – insisto – da alegria e da paz.

1007 Quantas vezes não te verás inundado, ébrio de graça de Deus! E que grande pecado se não correspondes!

1008 Na hora da tentação, tens de praticar a virtude da Esperança, dizendo: para descansar e gozar, aguarda-me uma eternidade; agora, cheio de Fé, tenho que ganhar o descanso com o trabalho; e o gozo com a dor... Que será o Amor, no Céu?

Melhor ainda, pratica o Amor, reagindo assim: – Quero dar gosto ao meu Deus, ao meu Amado, cumprindo a sua Vontade em tudo..., como se não houvesse prêmio nem castigo: somente para Lhe agradar.

1009 Quando – umas vezes como um relâmpago; e outras como uma mosca suja e irritante, que se enxota e volta – vier desassossegar-te o pensamento de que te falta retidão de intenção, faz sempre, e imediatamente, atos contrários..., e continua a trabalhar tranquilo, por Ele e com Ele.

– De passagem, diz devagar, mesmo que te pareça que o pronuncias somente com os lábios: – Senhor, para mim nada quero. Tudo para tua glória e por teu Amor.

ETERNIDADE

1010 Tanto te faz estar aqui ou na China, dizes-me.
— Pois então procura estar onde cumpras a Santa Vontade de Deus.

1011 De ti depende também que muitos não permaneçam nas trevas e caminhem por sendas que levam até à vida eterna.

1012 Acostuma-te a recomendar cada pessoa das tuas relações ao seu Anjo da Guarda, para que a ajude a ser boa e fiel, e alegre; para que, quando chegar a hora, possa receber o eterno abraço de Amor de Deus Pai, de Deus Filho, de Deus Espírito Santo e de Santa Maria.

1013 Tal como o grão de trigo, temos necessidade da morte para ser fecundos.

Tu e eu queremos abrir, com a graça de Deus, um sulco profundo e luminoso. Por isso, temos que deixar o pobre homem animal e lançar-nos pelos campos do espírito, dando sentido sobrenatural a todas as tarefas humanas e, ao mesmo tempo, aos homens que nelas trabalham.

1014 Jesus, que as minhas distrações sejam distrações ao contrário: em vez de me lembrar do mundo quando tratar Contigo, que me lembre de Ti ao tratar das coisas do mundo.

1015 Assustou-te um pouco ver tanta luz..., tanta que achas difícil olhar, e mesmo ver.

— Fecha os olhos à tua evidente miséria; abre o olhar da tua alma à fé, à esperança, ao amor, e continua em frente, deixando-te guiar por Ele, através de quem dirige a tua alma.

1016 Sê generoso! Não peças a Jesus... nem um consolo!

— Por quê?, perguntaste-me. Porque — respondi-te — bem sabes que, embora pareça que este nosso Deus está longe, está instalado no centro da tua alma, dando relevo divino à tua vida inteira!

1017 Contava-te que até pessoas que não receberam o batismo me têm dito, comovidas: "É verdade, eu compreendo que as almas santas têm de ser felizes, porque encaram os acontecimentos com uma visão que está por cima das coisas da terra, porque veem as coisas com olhos de eternidade".

Oxalá não te falte essa visão! — acrescentei depois —, para que sejas consequente com o tratamento de predileção que recebeste da Trindade.

1018 Eu te garanto que, se nós, os filhos de Deus, quisermos, contribuiremos poderosamente para iluminar o trabalho e a vida dos homens, com o resplendor divino – eterno! – que o Senhor quis depositar em nossas almas.

– Mas "quem diz que mora em Jesus deve seguir o caminho que Ele seguiu", como ensina São João: caminho que conduz sempre à glória, passando – sempre também – pelo sacrifício.

1019 Que desencanto para os que viram a luz do pseudo-apóstolo, e quiseram sair das suas trevas aproximando-se dessa claridade! Correram para chegar. Talvez tenham deixado pelo caminho retalhos da sua pele... Alguns, na sua ânsia de luz, abandonaram também retalhos da sua alma... Já estão junto do pseudoapóstolo: frio e escuridão. Frio e escuridão que acabarão por tomar conta dos corações partidos daqueles que, por uns instantes, acreditaram no ideal.

Má obra fez o pseudo-apóstolo: esses homens decepcionados, que vieram trocar a carne das suas entranhas por uma brasa ardente, por um maravilhoso rubi de caridade, descem de novo à terra donde vieram..., descem com o coração apagado, com um coração que não é coração..., é um pedaço de gelo envolto em trevas que chegarão a enevoar-lhes o cérebro.

Falso apóstolo dos paradoxos, essa é a tua obra: porque tens Cristo na língua, e não nas obras; porque atrais com uma luz que não possuis; porque não tens calor de caridade, e finges preocupar-te com os estranhos, ao mesmo tempo que abandonas os teus; porque és mentiroso, e a mentira é filha do diabo... Por isso trabalhas para o demônio, desconcertas os seguidores do Amo e, ainda que triunfes com frequência aqui em baixo, ai de ti, no próximo dia, quando vier a nossa amiga, a Morte, e contemplares a ira do Juiz a quem nunca enganaste!

— Paradoxos, não, Senhor; paradoxos, nunca.

1020 Este é o caminho seguro: pela humilhação até à Cruz; da Cruz, com Cristo, à Glória imortal do Pai.

1021 Que alegria me deu a epístola daquele dia! O Espírito Santo, por São Paulo, ensina-

-nos o segredo da imortalidade e da Glória. Todos sentimos ânsias de perdurar.

Quereríamos eternizar os instantes da nossa vida que consideramos felizes. Quereríamos glorificar a nossa memória... Quereríamos a imortalidade para os nossos ideais. Por isso, nos momentos de aparente felicidade, quando temos alguma coisa que consola o nosso desamparo, todos, naturalmente, dizemos e desejamos: para sempre, para sempre...

Que sabedoria a do demônio! Como conhecia bem o coração humano! "Sereis como deuses", disse aos nossos primeiros pais. Aquilo foi um logro cruel. São Paulo, nessa epístola aos Filipenses, ensina um segredo divino para termos a imortalidade e a Glória: Jesus aniquilou-se, tomando forma de servo... Humilhou-se a si mesmo, fazendo-se obediente até à morte, e morte de Cruz. Por isso Deus o exaltou e lhe deu um nome que está acima de todo o nome: para que, ao nome de Jesus, todos se ajoelhem, nos Céus e na terra e nos infernos...

1022 Para acompanharmos Cristo na sua Glória, no triunfo final, é necessário que participemos antes do seu holocausto, e que nos identifiquemos com Ele, morto no Calvário.

1023 Não te distraias, não deixes a imaginação à solta: vive dentro de ti e estarás mais perto de Deus.

1024 Ajuda-me a repetir ao ouvido daquele, e do outro..., e de todos: um homem com fé, que esteja em pecado, ainda que consiga todas as bem-aventuranças da terra, é necessariamente infeliz e desgraçado.

É verdade que o motivo que nos há de levar a odiar o pecado – mesmo o venial –, esse que deve mover-nos a todos, é sobrenatural: Deus detesta o pecado com toda a sua infinitude, com ódio sumo, eterno e necessário, como mal que se opõe ao bem infinito... Mas a primeira consideração que te apontei acima pode conduzir-nos a esta última.

1025 Terás tanto de santidade quanto tiveres de mortificação por Amor.

1026 Tinha-se desencadeado a perseguição violenta. E aquele sacerdote rezava: – Jesus, que cada incêndio sacrílego aumente o meu incêndio de Amor e de Reparação.

1027 Ao considerares a formosura, a grandeza e a eficácia da tarefa apostólica, asseguras que chega a doer-te a cabeça, pensando no caminho que falta percorrer – quantas almas esperam! –; e te sentes felicíssimo, oferecendo-te a Jesus como seu escravo. Tens ânsias de Cruz e de dor e de Amor e de almas. Sem querer, num movimento instintivo – que é Amor –, estendes os braços e abres as palmas, para que Ele te crave na sua Cruz bendita; para seres seu escravo – «serviam!» –, que é reinar.

1028 Comoveu-me a súplica inflamada que saiu dos teus lábios: "Meu Deus, só desejo ser agradável aos teus olhos; tudo o mais não me importa. – Mãe Imaculada, faz que só me mova o Amor".

1029 Pede de todo o coração a morte – e mil mortes – antes que ofender o teu Deus.

E isso, não por causa das penas do pecado – que tanto merecemos –, mas porque Jesus foi e é tão bom contigo.

1030 Meu Deus, quando te amarei a Ti, por Ti? Ainda que, bem vistas as coisas, Senhor, desejar o prêmio imperecível é o mesmo que desejar-te a Ti, que Te dás como recompensa.

1031 "Provai e vede como o Senhor é bom", reza o Salmista.

— A conquista espiritual, porque é Amor, tem de ser — nas coisas grandes e nas pequenas — ânsia de Infinito, de eternidade.

1032 Jesus, não quero pensar no que será o "amanhã", porque não quero pôr limites à tua generosidade.

1033 Faz teus os pensamentos daquele amigo que escrevia: "Estive considerando as bondades de Deus para comigo e, cheio de alegria interior, teria gritado pela rua, para que toda a gente ficasse sabendo do meu agradecimento filial: Pai, Pai! E, se não foi gritando, andei chamando-Lhe assim baixinho — Pai! —, muitas vezes, na certeza de que Lhe agradava.

"Não procuro outra coisa: só quero o seu agrado e a sua Glória: tudo para Ele. Se quero a salvação, a minha santificação, é porque sei que Ele a quer. Se na minha vida de cristão tenho ânsias de almas, é porque sei que Ele tem essas ânsias. Digo-o de verdade: nunca porei os olhos no prêmio. Não desejo recompensa: tudo por Amor!"

1034 Como amava a Vontade de Deus aquela doente que atendi espiritualmente! Via na doença, longa, penosa e múltipla (não tinha nada são), a bênção e as predileções de Jesus; e, embora afirmasse na sua humildade que merecia castigo, a terrível dor que sentia em todo o seu organismo não era um castigo, era uma misericórdia.

— Falamos da morte. E do Céu. E do que havia de dizer a Jesus e a Nossa Senhora... E de como dali "trabalharia" mais do que aqui... Queria morrer quando Deus quisesse..., mas — exclamava, cheia de felicidade —, que bom se fosse hoje mesmo! Contemplava a morte com a alegria de quem sabe que, ao morrer, vai ter com seu Pai.

1035 Não temas a morte. É tua amiga!

— Procura acostumar-te a essa realidade, assomando com frequência à tua sepultura. E ali, olha, cheira e apalpa o teu cadáver apodrecido, defunto há oito dias.

— Lembra-te de fazê-lo, especialmente, quando te perturbar o ímpeto da tua carne.

1036 Abrindo-me a sua alma, dizia: "Pensava nestes dias na morte, como num descanso, apesar dos meus crimes. E considerava: se me comunicassem: «Chegou a hora de morrer», com que gosto responderia: «Chegou a hora de Viver»".

1037 Morrer é uma coisa boa. Como pode ser que haja quem tenha fé e, ao mesmo tempo, medo da morte?... Mas, enquanto o Senhor te quiser manter na terra, morrer, para ti, é uma covardia. Viver, viver e padecer e trabalhar por Amor: isto é o que te toca.

1038 Ao menos uma vez por dia, situa-te com o pensamento no transe da morte, para veres a essa luz os acontecimentos de cada dia.

Asseguro-te que terás uma boa experiência da paz que produz essa consideração.

1039 Ficaste muito sério ao escutar-me: – Aceito a morte quando Ele quiser, como Ele quiser e onde Ele quiser; e ao mesmo tempo penso que é "um comodismo" morrer cedo, porque temos que desejar trabalhar muitos anos para Ele e, por Ele, a serviço dos outros.

1040 Morrer?... Que comodismo!, repito.
– Diz como aquele santo bispo, ancião e

doente: «Non recuso laborem»: Senhor, enquanto puder ser-te útil, não me recuso a viver e a trabalhar por Ti.

1041   Não queiras fazer nada para ganhar méritos nem por medo às penas do purgatório. Empenha-te, desde agora e para sempre, em fazer tudo, até as coisas mais pequenas, para dar gosto a Jesus.

1042   Deves desejar ardentemente que, quando a nossa boa e inevitável irmã, a morte, vier prestar-te o serviço de te levar à presença de Deus, não te encontres atado a coisa alguma da terra!

1043   Se anelas por ter vida, e vida e felicidade eternas, não podes sair da barca da Santa Madre Igreja. – Olha: se te afastas do âmbito da barca, irás para o meio das ondas do mar, irás para a morte, afogado no oceano; deixarás de estar com Cristo, perderás a sua amizade, que escolheste voluntariamente quando percebeste que Ele ta oferecia.

1044   Jesus veio à terra para padecer..., e para evitar os padecimentos – também os terrenos – dos outros.

1045 Não há ânimo mais senhoril do que saber-se em serviço: em serviço voluntário a todas as almas!

– É assim que se ganham as grandes honras: as da terra e as do Céu.

1046 Perante a dor e a perseguição, dizia uma alma que tinha sentido sobrenatural: "Prefiro apanhar aqui a apanhar no purgatório!"

1047 Se eu amo, para mim não haverá inferno.

1048 Como é bom viver de Deus! Como é bom não querer senão a sua Glória!

1049 Se queres de verdade alcançar vida e honra eternas, aprende a prescindir em muitos casos das tuas nobres ambições pessoais.

1050 Não ponhas o teu "eu" na tua saúde, no teu nome, na tua carreira, na tua ocupação, em cada passo que dás... Que coisa tão aborrecida! Pareces ter esquecido que "tu" não tens nada, que tudo é dEle.

Quando ao longo do dia te sentires humilhado – talvez sem razão –; quando julgares que o teu critério deveria prevalecer; quando notares que em cada instante referve o teu "eu", o teu, o teu, o teu..., convence-te de que estás matando o tempo, e de que estás precisando que "matem" o teu egoísmo.

1051 Aconselho-te a não procurar o louvor próprio, nem mesmo aquele que merecerias: é melhor passarmos ocultos, e que o mais belo e nobre da nossa atividade, da nossa vida, fique escondido... Como é grande este fazer-se pequeno! «Deo omnis gloria!» – toda a glória, para Deus.

1052 Em momentos de desconsolo, dizia aquela alma ao Senhor: "Meu Jesus, que podia dar-te, além da honra, se não tinha outra coisa? Se tivesse tido fortuna, tê-la-ia entregue a Ti. Se tivesse tido virtudes, teria edificado os outros com cada uma delas, para servir-te. Só tinha a honra, e a dei a Ti. Louvado sejas! Bem se vê que estava segura nas tuas mãos!"

1053 O barro foi o meu princípio e a terra é a herança de toda a minha linhagem.
Quem, senão Deus, merece louvor?

1054 Quando sentires o orgulho que ferve dentro de ti – a soberba! –, que te faz considerar-te um super-homem, chegou o momento de exclamares: – Não! E assim saborearás a alegria do bom filho de Deus, que passa pela terra com erros, mas fazendo o bem.

1055 «Sancta Maria, Stella maris» – Santa Maria, Estrela do mar, conduz-nos tu!

Clama assim, com energia, porque não há tempestade que possa fazer naufragar o Coração Dulcíssimo da Virgem. Quando vires chegar a tempestade, se te abrigares nesse Refúgio firme que é Maria, não haverá perigo algum de que venhas a soçobrar ou a afundar-te.

ÍNDICE DE TEXTOS DA SAGRADA ESCRITURA

ANTIGO TESTAMENTO

Gênesis
I, 3-31 703
II, 15 681
III, 5 1021
IV, 4 43

Deuteronômio
VI, 5 869
XXXII, 4 387

I Samuel
III, 6.9 .... 7, 52
XVII, 42-44 974

Jó
VII, 1 .... 105, 429

Salmos
IV, 2 42
XVIII, 7 515
XIX, 8 716
XXII, 4 194
XXII, 5 42
XXX, 4.7 307
XXXIII, 9 1031
XLV, 2 307
L, 19 172
LVIII, 9 637
LXVIII, 9-10 797
LXXII, 22-24 381
LXXVI, 11 398

LXXXIV, 13 971
IC, 2 681
CIII, 10 283
CIX, 4 4
CXVIII, 94 196
CXVIII, 100 53

Provérbios
XXI, 28 483

Cântico dos Cânticos
IV, 7 84
IV, 12 412
V, 2 311
VIII, 7 655

Isaías
XXX, 15 799
XL, 11 319
XLIII, 1 .... 7, 12, 123
LX, 8 927

Jeremias
XVIII, 6 875
XXIX, 12 228
XXXI, 3 866

Lamentações
III, 57 287

Ezequiel
XXXIV, 23 19

NOVO TESTAMENTO

Evangelho de São Mateus
II, 3 248
II, 3-12 636
II, 10 239
II, 12 366
IV, 20-22 ....6, 356
V, 11 795
V, 13-16...........................22
V, 15 44
VII, 7...............................536
VII, 21.............................358
VIII, 2 665
VIII, 20 523
IX, 2 ....231, 233
IX, 20-22.........................233
IX, 21 324
IX, 37..............................906
X, 22 656
XI, 28 867
XIII, 3 970
XIII, 24-25......................464
XIII, 36 579
XIII, 44-45......................993
XIV, 13-21......................341
XIV, 16-19......................674
XIV, 19-20......................675
XIV, 31...........................805
XIV, 35-36......................158
XVI, 18 637
XVI, 24 823
XIX, 29 281
XX, 28 612
XXI, 1-3..........................672
XXI, 5-7..........................607
XXII, 15 558
XXII, 37..........................869
XXVI, 41 ....487, 753
XXVII, 12.27-31 711
XXVII, 66...............259, 660
XXVIII, 1-2 676

Evangelho de São Marcos
I, 16-20..............................6
III, 10 158
IV, 3 970
IV, 21 44
VI, 33-34.........................341
VI, 37-38 674
VI, 41-42.........................675
IX, 24 257
X, 46-52..........................665
X, 47 197
X, 51 318
XI, 1-10...........................607
XI, 15-17.........................546
XII, 13.............................558
XII, 30-33.......................869
XIV, 38....................487, 753
XV, 4-5 711
XV, 16-19........................710
XV, 21 252
XVI, 1-4..........................676
XVI, 1-8..........................660
XVI, 3-4..........................625

Evangelho de São Lucas
I, 30 287
I, 34 328
I, 38 588
I, 46-55 608
II, 7 274
II, 51 810
II, 51-52 708
IV, 40..............................901

V, 4-6	574	II, 3	807
V, 5	175	II, 14-17	546
V, 11	6, 356	V, 7	168
V, 15	665	VI, 1-13	341
VII, 47	210	VI, 8-9	674
VIII, 5	970	VI, 14-15	304, 542
VIII, 16	44	VI, 35	824
IX, 11-17	341	VIII, 12	1, 158
IX, 13	674	VIII, 32	842
IX, 16-17	675	IX, 6	370
IX, 23	823	X, 11	319
IX, 58	523	X, 16	638
X, 2	906	XI, 21	495
X, 16	671	XI, 43	211, 476
XI, 1	71	XII, 14-15	607
XI, 5-13	536	XII, 24	1013
XI, 33	44	XII, 32	678, 685
XII, 49	31, 52, 947	XIII, 23	496
XIV, 26	141	XIII, 34-35	454, 889
XVI, 8	848	XIV, 6	818
XVII, 3	566	XV, 1-7	932
XVIII, 1	74, 536	XV, 5	425, 437
XVIII, 41	318, 386	XV, 16	915
XIX, 14	639	XVII, 11	647
XIX, 17	917	XVII, 15-16	569
XIX, 29-38	607	XVII, 22	647
XIX, 45-46	546	XVIII, 37	1004
XX, 20	558	XIX, 1-3	711
XXII, 15	833	XIX, 25	758
XXII, 42	236, 771	XIX, 26	589
XXII, 46	487	XX, 1	625, 676
XXII, 63-65	711	XX, 1-10	660
XXIII, 2.9	711	XXI, 1-8	574
XXIII, 26	252, 764	XXI, 7	422
XXIV, 1-2	625, 676	XXI, 15-17	479
XXIV, 1-7	660	XXI, 17	176

Evangelho de São João

I, 9-12	1
I, 40-51	6

Atos dos Apóstolos

I, 1	694
I, 14	297

III, 4 36
III, 6 287
IV, 32 632
IX, 6 ....238, 754

Romanos
VII, 23.............................124
VII, 24.............................180
VIII, 28 1001
XII, 2 97
XII, 5 630
XII, 12..............................74
XIII, 11 377
XIII, 14 74
XV, 13 ....677, 795, 900

1 Coríntios
IV, 4 961
IV, 13 803
IV, 20 839
VI, 20......................881, 945
IX, 16 668
IX, 22 953
X, 17 630
XV, 25 639

2 Coríntios
II, 15 92
V, 17 183
XI, 28 584
XII, 10.............................294

Gálatas
II, 19 786
VI, 2 557

Efésios
I, 4 ....10, 18, 280
I, 10.................................678
II, 19 587
IV, 15 559
V, 32 691

Filipenses
II, 7-10 1021
IV, 13 ....232, 337, 656

Colossenses
I, 19-20 678

Tessalonicenses
V, 17 74

1 Timóteo
II, 4 865

Hebreus
V, 6 4
XIII, 8 8

1 Pedro
I, 18-19 881
II, 9 882
V, 9 131

1 João
II, 6 1018
IV, 18 260
IV, 19 497

ÍNDICE POR PONTOS
DE TEXTOS DA SAGRADA ESCRITURA

1	Jo I, 9-12; Jo VIII, 12	97	Rom XII, 2
4	Sal CIX, 4; Hebr V, 6	105	Jó VII, 1
6	Mt IV, 20-22;	123	Is XLIII, 1
	Mc I, 16-20; Lc V, 11;	124	Rom VII, 23
	Jo I, 40-51	131	I Pe V, 9
7	I Sam III, 6.9;	141	Lc XIV, 26
	Is XLIII, 1	158	Mt XIV, 35-36;
8	Hebr XIII, 8		Mc III, 10; Jo VIII, 12
10	Ef I, 4	168	Jo V, 7
12	Is XLIII, 1	172	Sal L, 19
18	Ef I, 4	175	Lc V, 5
22	Mt V, 13-16	176	Jo XXI, 17
31	Lc XII, 49	180	Rom VII, 24
36	At III, 4	183	II Cor V, 17
42	Sal IV, 2; Sal XXII, 5	194	Sal XXII, 4
43	Gên IV, 4	196	Sal CXVIII, 94
44	Mt V, 15; Mc IV, 21;	197	Mc X, 47
	Lc VIII, 16; Lc XI, 33	210	Lc VII, 47
52	I Sam III, 6.9;	211	Jo XI, 43
	Lc XII, 49	228	Jer XXIX, 12
53	Sal CXVIII, 100	231	Mt IX, 2
71	Lc XI, 1	232	Fil IV, 13
74	Lc XVIII, 1;	233	Mt IX, 2; Mt IX, 20-22
	Rom XII, 12;	236	Lc XXII, 42
	Rom XIII, 14; Tess V, 17	238	At IX, 6
84	Cânt IV, 7	239	Mt II, 10
92	II Cor II, 15	248	Mt II, 3

252	Mc XV, 21; Lc XXIII, 26	425	Jo XV, 5
257	Mc IX, 24	429	Jó VII, 1
259	Mt XXVII, 66	437	Jo XV, 5
260	I Jo IV, 16	454	Jo XIII, 34-35
274	Lc II, 7	464	Mt XIII, 24-25
280	Ef I, 4	476	Jo XI, 43
281	Mt XIX, 29	479	Jo XXI, 15-17
283	Sal CIII, 10	483	Prov XXI, 28
287	Lam III, 57; Lc I, 30; At III, 6	487	Mt XXVI, 41; Mc XIV, 38; Lc XXII, 46
294	II Cor XII, 10	495	Jo XI, 21
297	At I, 14	496	Jo XIII, 23
304	Jo VI, 14-15	497	I Jo IV, 19
307	Sal XXX, 4.7; Sal XLV, 2	515	Sal XVIII, 7
311	Cânt V, 2	523	Mt VIII, 20; Lc IX, 58
318	Mc X, 51; Lc XVIII, 41	536	Mt VII, 7; Lc XI, 5-13; Lc XVIII, 1
319	Is XL, 11; Ez XXXIV, 23; Jo X, 11	542	Jo VI, 14-15
324	Mt IX, 21	546	Mc XI, 15-17; Lc XIX, 45-46; Jo II, 14-17
328	Lc I, 34	557	Gál VI, 2
337	Fil IV, 13	558	Mt XXII, 15; Mc XII, 13; Lc XX, 20
341	Mt XIV, 13-21; Mc VI, 33-34; Lc IX, 11-17; Jo VI, 1-13	559	Ef IV, 15
356	Mt IV, 20-22; Lc V, 11	566	Lc XVII, 3
358	Mt VII, 21	569	Jo XVII, 15-16
366	Mt II, 12	574	Lc V, 4-6; Jo XXI, 1-8
370	Jo IX, 6	579	Mt XIII, 36
377	Rom XIII, 11	584	II Cor XI, 28
381	Sal LXXII, 22-24	587	Ef II, 19
386	Lc XVIII, 41	588	Lc I, 38
387	Deut XXXII, 4	589	Jo XIX, 26
398	Sal LXXVI, 11	607	Mt XXI, 5-7; Mc XI, 1-10; Lc XIX, 29-38; Jo XII, 14-15
412	Cânt IV, 12		
422	Jo XXI, 7	608	Lc I, 46-55

ÍNDICES

612	Mt XX, 28
625	Mc XVI, 3-4; Lc XXIV, 1-2; Jo XX, 1
630	Rom XII, 5; I Cor X, 17
632	At IV, 32
636	Mt II, 3-12
637	Sal LVIII, 9; Mt XVI, 18
638	Jo X, 16
639	Lc XIX, 14; I Cor XV, 25
647	Jo XVII, 11; Jo XVII, 15
655	Cânt VIII, 7
656	Mt X, 22; Fil IV, 13
660	Mt XXVII, 66; Mc XVI, 1-8; Lc XXIV, 1-7; Jo XX, 1-10
665	Mt VIII, 2; Mc X, 46-52; Lc V, 15
668	I Cor IX, 16
671	Lc X, 16
672	Mt XXI, 1-3
674	Mt XIV, 16-19; Mc VI, 37-38; Lc IX, 13; Jo VI, 8-9
675	Mt XIV, 19-20; Mc VI, 41-42; Lc IX, 16-17
676	Mt XXVIII, 1-2; Mc XVI, 1-4; Lc XXIV, 1-2; Jo XX, 1
677	Rom XV, 13
678	Jo XII, 32; Ef I, 10; Col I, 19-20
681	Gên II, 15; Sal IC, 2
685	Jo XII, 32
691	Ef V, 32
694	At I, 1
703	Gên I, 3-31
708	Lc II, 51-52
710	Mc XV, 16-19
711	Mt XXVII, 12.27-31; Mc XV, 4-5; Lc XXIII, 63-65; Lc XXIII, 2.9; Jo XIX, 1-3
716	Sal XIX, 8
753	Mt XXVI, 41; Mc XIV, 38
754	At IX, 6
758	Jo XIX, 25
764	Lc XXIII, 26
771	Lc XXII, 42
786	Gál II, 19
795	Mt V, 11; Rom XV, 13
797	Sal LXVIII, 9-10
799	Is XXX, 15
803	I Cor IV, 13
805	Mt XIV, 31
807	Jo II, 3
810	Lc II, 51
818	Jo XIV, 6
823	Mt XVI, 24; Lc IX, 23
824	Jo VI, 35
833	Lc XXII, 15
839	I Cor IV, 20
842	Jo VIII, 32
848	Lc XVI, 8
865	I Tim II, 4
866	Jer XXXI, 3
867	Mt XI, 28

869	Deut VI, 5; Mt XXII, 37; Mc XII, 30-33	945	I Cor VI, 20
		947	Lc XII, 49
		953	I Cor IX, 22
875	Jer XVIII, 6	961	I Cor IV, 4
881	I Cor VI, 20; I Pe I, 18-19	970	Mt XIII, 3; Mc IV, 3; Lc VIII, 5
882	I Pe II, 9	971	Sal LXXXIV, 13
889	Jo XIII, 34-35	974	I Sam XVII, 42-44
900	Rom XV, 13	993	Mt XIII, 44-45
901	Lc IV, 40	1001	Rom VIII, 28
906	Mt IX, 37; Lc X, 2	1004	Jo XVIII, 37
915	Jo XV, 16	1013	Jo XII, 24
917	Lc XIX, 17	1018	I Jo II, 6
927	Is LX, 8	1021	Gên III, 5; Fil II, 7-10
932	Jo XV, 1-7	1031	Sal XXXIII, 9

ÍNDICE ANALÍTICO

ABANDONO
40, 42, 226, 236, 306, 319, 351, 371, 390-1, 424, 426, 512, 529, 594, 751, 764, 903, 1052; nas dificuldades econômicas, 807; luta confiada, 287, 294. Ver CONFIANÇA (em Deus), FILIAÇÃO DIVINA, INFÂNCIA ESPIRITUAL, LUTA ASCÉTICA, PROVIDÊNCIA DIVINA.

ABNEGAÇÃO
Dar-se a Deus, 43, 44; dar-se aos outros, 368, 591; esquecimento próprio, 97, 141, 150, 247, 592, 601, 803, 853, 861, 915, 1049-52; sacrifício por Amor, 208, 364, 532, 839. Ver CRUZ, ENTREGA, GENEROSIDADE, HUMILDADE (e esquecimento próprio), MORTIFICAÇÃO, SERVIÇO.

AÇÕES DE GRAÇAS
221, 265, 313, 333, 365, 866, 891; motivos, 11, 16, 19, 27, 279, 773, 776, 904; correspondência a Deus, 173-4, 304; recitação do "Te Deum", 609.

ALEGRIA
180, 183, 858, 914, 1005-6, 1021, 1024; alegria de filhos de Deus, 105, 266, 269, 332, 423, 520, 1054; alegria e Cruz, 28, 174, 504; alegria e paz, 648, 677; ascetismo sorridente, 149; bom humor, 151, 392, 590; consequência da entrega, 54, 239, 275, 308, 368, 591, 814, 816. Ver ENTREGA, LUTA ASCÉTICA (alegre e esportiva), MORTIFICAÇÃO, OTIMISMO.

ALMA HUMANA
34, 893. Ver PESSOA HUMANA, VIDA HUMANA.

ALMA SACERDOTAL
369, 882. Ver BATISMO, EUCARISTIA, VIDA INTERIOR.

AMBIENTE
570, 717, 720, 724, 792, 797, 848, 859, 899. Ver MUNDO.

AMIZADE
565, 943. Ver FRATERNIDADE.

AMOR
Amor e sacrifício, 504, 528,

760, 768, 816; estar atento aos detalhes, 443.

AMOR DE DEUS
Amor de Deus aos homens, 30, 34, 62, 250, 619, 813, 815, 862, 897; Amor de Deus encarnado, 239, 341, 436, 811; Amor de predileção, 11, 16, 123, 266, 279, 298, 332, 472, 497, 905. Ver MISERICÓRDIA DIVINA, PROVIDÊNCIA DIVINA.

ANJOS
9, 339; o Anjo da Guarda, 93, 271-2, 931, 1012.

APOSTOLADO
Vocação apostólica, 1, 5, 26, 360, 451, 463, 665, 673, 894, 909; santificar o mundo, 23, 31, 466, 716, 899, 947.
Fundamento do apostolado, 63, 121, 397, 399, 710, 734, 856, 892, 919, 922, 933, 938, 969; meios sobrenaturais, 571, 664, 731, 911, 957, 974, 986, 1012. Ver MEIOS, VIDA INTERIOR, VIDA SOBRENATURAL.
Instrumento de Deus, 674-5. Ver HUMILDADE (no apostolado), INSTRUMENTO DE DEUS.
Direito e dever, 24, 672, 707, 900, 902, 946, 948.
Zelo apostólico, 9, 22, 25, 27, 52, 57, 143, 282, 300, 375, 570, 573, 670, 722, 790, 823, 868, 870, 881, 896, 898, 901, 906, 912, 914, 916, 922, 925, 939, 952, 968, 973, 977, 985, 1011, 1027, 1037, 1039, 1040.
Modo de fazê-lo, 957; *através do trabalho*, 984; afogar o mal em abundância de bem, 848; apostolado da inteligência, 636; com o exemplo e a palavra, 575-6; com dom de línguas, 895; na vida ordinária, 917; na vida pública, 465.
Virtudes que requer, 337, 342, 574, 662-3, 666-7, 843, 847, 858, 863, 867, 871-3, 880, 980, 1019.
Dificuldades no apostolado, 283, 637, 653, 655, 668. Ver DIFICULDADES.
Eficácia apostólica: frutos, 232, 257, 372, 651, 809, 849, 920, 927, 963, 971-2, 978, 981, 1013. Ver EFICÁCIA.
Apostolado da doutrina, 579-80, 633, 841, 918, 975--6. Ver DOUTRINA.
Apostolado do exemplo, 36, 452, 460, 695, 955. Ver TESTEMUNHO.
Apostolado "ad filem", 944. Ver ECUMENISMO.
Unidade do apostolado, 175, 583, 632, 865, 949-50, 953, 963, 979.

APÓSTOLOS
6, 8, 111, 356, 668; São Pe-

ÍNDICES 333

dro, 36, 497, 805; São Paulo, 124, 180, 584; São João, 36, 422, 454, 496, 589.

APROVEITAMENTO DO TEMPO
163, 701, 705-6, 962-3. Ver ORDEM.

ATIVIDADES TEMPORAIS
636, 684, 712, 725, 735, 979; estar presente, 715, 717-8; pôr Cristo no cume, 678, 682, 685, 716; sentido divino, 688, 707, 945. Ver LIBERDADE, MUNDO, SECULARIDADE, TRABALHO.

AUDÁCIA
216, 218, 260, 676, 711, 716, 977. Ver FORTALEZA, VALENTIA.

AUTORIDADE
727, 884-5. Ver GOVERNO.

BATISMO
264, 622.

BURRICO
330, 380, 381.

CARÁTER
99-101, 468, 603, 642, 805.

CARIDADE
100, 146-152, 260, 270, 877; amor à Igreja, 584; amor e sacrifício, 28, 299.
Com Deus, 430-448; "loucura de Amor", 205, 210, 338, 790; agradar a Deus, 35, 417, 494, 1008, 1028-9; almas de Eucaristia, 70, 835, 837; amor a Jesus Cristo, 271, 404, 437, 448-9, 497; com o coração, 29, 204, 503; com obras, 62-3, 440, 498-9, 505; fazer tudo por amor, 278, 618, 742; viver de Amor, 12, 64, 117, 185, 202, 247, 493, 500, 737, 893, 933, 988, 995, 1047-8. Ver PIEDADE.
Com os homens, 34, 79, 150, 282, 453-60, 558, 885, 940; amor aos outros por Deus, 502, 693, 849, 869, 872, 876; mandamento novo, 454, 456, 889; compreensão, 131, 145, 559, 564, 961; manifestações da caridade, 151, 457-8, 557, 561-3, 566-7, 573, 578, 699, 726, 900, 925, 942, 954, 957; amabilidade no trato, 145, 457, 959, 960; correção fraterna, 146-7; catequese e visitas aos pobres, 600; perdão das ofensas, 650, 802; universal e ordenada, 143, 650, 859, 868, 951, 952. Ver APOSTOLADO, COMPREENSÃO, CORREÇÃO, FRATERNA, FRATERNIDADE, VERACIDADE.

CASTIDADE
89, 315, 413, 553, 691; afirmação gozosa, 91-2; meios para vivê-la, 90, 317, 414-5, 845, 864. Ver CORAÇÃO (guarda do coração), HEDONISMO.

CÉU
Ver ESPERANÇA, VIDA ETERNA.

CIÊNCIA
Ver CULTURA.

COISAS PEQUENAS
82, 85, 203, 446, 481, 784, 870, 917; caminho de santidade, 60, 382, 616; torná-las grandes pelo Amor, 443, 498, 522, 686, 785, 854, 922.

COMPREENSÃO
458, 958; caridade, 282, 454, 509, 560, 650, 863, 953-4; coração grande, 559, 843, 867, 869; intransigência santa, 726, 801; e humildade, 478, 844, 847.

COMUNHÃO DOS SANTOS
107, 251, 258, 462, 470, 846; comunicação da vida sobrenatural, 583, 640, 651, 692, 925, 982; unidade, 471, 630-2, 956.

COMUNHÃO
SACRAMENTAL
Ver EUCARISTIA (como sacramento)

CONFIANÇA
196, 215; em Deus, 214, 244, 287, 307, 656, 903; diante das dificuldades, 194, 211, 213, 219, 231. Ver ABANDONO, ESPERANÇA, FÉ, FILIAÇÃO DIVINA.

CONFISSÃO
SACRAMENTAL
191-3, 238.

CONHECIMENTO PRÓPRIO
180-1, 185, 222, 314, 326, 363, 310, 794. Ver HUMILDADE (e conhecimento próprio).

CONSCIÊNCIA
114, 164, 166. Ver EXAME DE CONSCIÊNCIA.

CONTEMPLATIVOS
80, 86, 229, 297, 439, 441, 737-49, 1014; no meio do mundo, 537, 738, 740, 748; diálogo ininterrupto, 74, 230, 261-2, 435, 437, 506, 538, 743. Ver ORAÇÃO, PIEDADE, PRESENÇA DE DEUS.

CONTRADIÇÕES
225, 227, 253-4, 258, 793-9, 812, 852; provas do amor de Deus; 340, 815; no apostolado, 255-6, 655, 804, 962; atitude diante das contradições, 245, 248, 283, 595, 776, 793, 799, 802-3, 817, 931. Ver DIFICULDADES.

CONTRIÇÃO
115, 172, 189, 198, 349, 384, 387, 550; dor de Amor, 41, 153, 159, 161, 176-7, 179, 200, 202, 206, 210. Ver CONFISSÃO SACRAMENTAL, CONVERSÃO, EXAME DE CONSCIÊNCIA, FRAQUEZAS, HUMILDADE (e fraquezas), REPARAÇÃO.

ÍNDICES

CONVERSÃO
112, 170, 475-6; retificar, 32, 159, 163, 172, 202, 398, 480-1, 883; começar e recomeçar, 97, 344, 378; com a ajuda de Nossa Senhora, 162. Ver CONTRIÇÃO.

CORAÇÃO
Ter coração, 204, 492, 693, 868; coração grande, 867, 876-7, 950; colocá-lo no Senhor, 45, 490, 505, 755; purificação dos afetos, 750. Ver CARIDADE, FRATERNIDADE, PIEDADE.
Guarda do coração, 98, 204, 315-6, 412, 414, 428, 477, 486, 598, 872. Ver CASTIDADE.

CORREÇÃO FRATERNA
146-7, 455, 566-7, 577, 641.

CORREDENTORES
4, 5, 23, 26, 52, 55, 232, 374, 377, 669, 674, 970. Ver APOSTOLADO, CRUZ, MORTIFICAÇÃO.

COVARDIA
128-9, 168, 218, 1037. Ver VALENTIA.

CRITÉRIO
450, 713.

CRUZ
757-90; aceitação gozosa da Cruz, 42, 329, 442, 762, 764, 766, 769, 771, 775-6; amor à Cruz, 252-3, 403, 484, 519, 624, 763, 765, 770, 778, 790, 823; calúnias e incompreensões, 798, 803, 1052; caminho para a glória, 1020, 1022, o Crucifixo, 29, 317, 400, 404, 761, 774; estar com Cristo na Cruz, 206, 412, 522; meditação da Cruz, 402, 405-6, 575, 777; o Espírito Santo, fruto da Cruz, 759; cunho divino, 517, 521, 773, 779, 787; sacrifício e mortificação, 760, 768, 811; sinais da verdadeira Cruz, 772; sinal de vitória, 757, 782, 788. Ver MORTIFICAÇÃO, PENITÊNCIA.

CULTO DIVINO
47, 438, 546, 719, 836. Ver MISSA, LITURGIA.

CULTURA
636, 719, 974. Ver ESTUDOS, LEITURAS.

DEFEITOS
312, 403, 616. Ver FRAQUEZAS.

DEMÔNIO
126-7, 307, 309, 311, 394, 466.

DESCANSO
254, 837.

DESPRENDIMENTO
807-10; dos bens da terra, 46, 486, 523, 525, 728, 1042; o exemplo de Jesus Cristo, 526, 810, 888, 997; manifestações, 524.

DEVERES E DIREITOS
Cumprimento do dever, 616,

625, 733, 982; deveres sociais, 453, 465, 695-7, 709-28; respeitar a fama, 961. Ver FAMÍLIA CRISTÃ, JUSTIÇA, SOCIEDADE CIVIL, TRABALHO.

DEVOÇÕES
733; à Santíssima Trindade, 296; ao Crucifixo, 774, 777; ao Menino Jesus, 345; devoções marianas, 433-4, 587, 615; o terço, 621; aos Anjos da Guarda, 93, 931. Ver CRUZ, EUCARISTIA, JESUS CRISTO, ROMANO PONTÍFICE, SÃO JOSÉ, SANTÍSSIMA TRINDADE, SANTÍSSIMA VIRGEM.

DIFICULDADES
323, 625, 653, 660; fé, confiança, 283, 344, 637, 807; sentido sobrenatural, 245, 343, 657; amor, audácia, 484, 676; refugiar-se em Nossa Senhora, 1055; dificuldades subjetivas, 521. Ver APOSTOLADO (dificuldades), CONTRADIÇÕES, TENTAÇÕES.

DIREÇÃO ESPIRITUAL
125, 192, 242, 628-9; docilidade, obediência, 241, 327, 410, 599, 1015; sinceridade, 126-8, 193, 427. Ver DOCILIDADE, GOVERNO, SINCERIDADE.

DOCILIDADE
Aprender a obedecer, 626-7; docilidade à graça, 178, 224, 813, 860, 874-5; docilidade de instrumentos, 340, 614; no apostolado, 574. Ver GRAÇA DIVINA (correspondência), OBEDIÊNCIA.

DOENÇA
791. Ver DOR.

DOR
791-4; sentido cristão, 604, 771, 816, 1034, 1046. Ver CRUZ, DOENÇA.

DOUTRINA
Necessidade de ter boa doutrina: formação doutrinal, 132, 840-1, 966; piedade e doutrina, 479, 579, 694, 918, 938; não ceder naquilo que é de fé, 580.
Catequese, 104, 635, 974, 976; com dom de línguas, 634, 895. Ver APOSTOLADO (da doutrina), EVANGELIZAÇÃO, FÉ, LEITURAS, VERACIDADE.

ECUMENISMO
131, 456.

EFICÁCIA
425, 513, 536. Ver APOSTOLADO (eficácia apostólica, frutos).

EGOÍSMO
141, 310, 767. Ver HUMILDADE (e esquecimento próprio).

ENTREGA
117, 395-6, 528, 594, 851-4, 908, 926, 935; dedicação a

ÍNDICES

Deus, 7, 43-4, 61, 87, 122, 201, 356, 679, 851, 878, 891; generosidade, 6, 64, 108, 111, 364, 385, 494, 496, 517, 620, 675, 803, 857, 893, 907, 930; liberdade e entrega, 819, 855; correspondência, 62, 96, 531, 544, 613; espírito de serviço, 853, 1050; do coração, 45, 204; o exemplo de Nossa Senhora, 854; frutos da entrega, 59, 623, 648, 971. Ver FIDELIDADE, LIBERDADE, VOCAÇÃO (fidelidade à vocação).

ESPERANÇA
211, 284, 293, 332, 660; apesar das fraquezas, 119--20, 167-8, 194, 237, 277, 483; esperança do Céu, 989-96, 999, 1000, 1008, 1030-4, 1036, 1049; esperança em Jesus Cristo, 319-20, 387; a Virgem Maria, Esperança nossa, 161, 273, 281, 336, 474, 994. Ver CONFIANÇA (em Deus), VIDA ETERNA.

ESPÍRITO SANTO
Consolador, 2; fruto da Cruz, 759; atividade na alma, 424, 429-30, 515-6, 860, 923; devoção ao Espírito Santo, 68, 514, 924. Ver GRAÇA DIVINA, SANTÍSSIMA TRINDADE.

ESTUDO
43, 467, 841. Ver CULTURA, FORMAÇÃO, LEITURAS, TRABALHO.

EUCARISTIA
824-38.
Como sacrifício, ver MISSA.
Como sacramento (Comunhão eucarística), 267, 303, 328-30, 832, 834, 939, 991.
Presença real, 541-2, 838; loucura de Amor, 824-5.
Vida eucarística: ação de graças, 304; comunhões espirituais, 548; o Sacrário, 827, 835, 837, 887, 938, 1004; piedade eucarística, 69, 70, 268, 305, 746, 826; visitas ao Santíssimo Sacramento, 302, 306. Ver ALMA SACERDOTAL, CULTO DIVINO, LITURGIA.

EVANGELHO
495, 676; leitura do Santo Evangelho, 8, 322, 754; parábolas, 425, 895.

EVANGELIZAÇÃO
638, 668, 896, 947, 970. Ver DOUTRINA.

EXAME DE CONSCIÊNCIA
Espírito de exame, 109, 115, 487, 494, 511, 898, 906, 930; humildade, sinceridade, 56, 108, 356, 616; medo de fazê-lo, 153, 326; necessidade, 110, 480-1.

EXEMPLOS GRÁFICOS
Antena do sobrenatural, 510; armadura da ciência, 974; a barca nas ondas, 1043; bater

do coração, 518; brasa incandescente, 570; burrico, 563, 607, 672; canções à maneira divina, 435; caneta, 610; cápsulas de semente, 972; carvão e cinzas, 985; colírio, 370; a criança que sobe os degraus da escada, 346; "dom de línguas", 634, 895; escória, 937; escultor divino, 403, 609; espezinhar-se a si próprio, 532; espinho que se cravou, 329; estacas pintadas de vermelho, 81; fermento na massa, 973; fundamento, 472-3; fazer-se tapete, 562; grão de trigo, 1013; inquietações do artista, 385; instalações elétricas, 670; jardim sem flores viçosas, 606; jogral de Deus, 485; membros de um mesmo corpo, 471; micróbios e feras; 481; não abaixar a pontaria, 893; nuvens fecundas, 927; oleiro, 875; ouro e diamantes, 741; passarinho e águia, 39; ao passo de Deus, 531; peças de uma máquina, 666; pesca e redes; 574, 979; o pobre-diabo que se descobre filho do Rei, 334; mira sobrenatural, 749; prego na parede, 245; prosa diária, 522; soltar as amarras, 907; rei Midas, 742; rigidez do cartão, 156; sal, 942; semeador, 464, 894, 970; soltar o "sapo", 193; tochas, 1; a videira e os ramos, 425, 437, 932.

EXPIAÇÃO
207. Ver PENITÊNCIA, REPARAÇÃO.

FAMÍLIA CRISTÃ
Natureza e característica, 104, 689-93, 908; formação dos filhos, 692; direitos e deveres dos filhos, 19, 21; as famílias e a vocação, 17-8. Ver MATRIMÔNIO.

FÉ
Natureza e necessidade, 197, 228, 324, 386; nos momentos de dificuldade, 219, 231, 235, 256-7; obstáculos à fé, 235, 259, 635; fé na Sagrada Eucaristia, 268.
Fortaleza na fé, 131, 456, 580, 602, 729, 863, 959.
Fé operativa, 155, 211, 256-7, 544, 575, 657, 930; vida de fé, 235, 448, 653, 659, 723, 999, 1017. Ver DOUTRINA, LEITURAS, MAGISTÉRIO.

FIDELIDADE
20, 51, 199, 318, 357, 420, 532, 907; à Igreja, 584, 852; aos compromissos de cristão, 95, 361; fidelidade nas coisas pequenas, 203; fidelidade e esperança, 214, 483; a ajuda de Deus, 623, 875, 903. Ver PERSEVERANÇA, VOCAÇÃO, VOCAÇÃO CRISTÃ.

ÍNDICES

FILIAÇÃO DIVINA
15, 240, 242, 264-5, 331-3, 423, 501, 587, 929; abandono, infância espiritual, 71, 226, 342; alegria de filhos de Deus, 266, 269, 905, 1033; esperança, confiança, 229, 314, 335; fundamento da vida espiritual, 1, 2, 334, 420, 987; oração dos filhos de Deus, 3, 358, 534. Ver ABANDONO, INFÂNCIA ESPIRITUAL, PIEDADE.

FORMAÇÃO
840-6; necessidade, fins, meios, 468, 712; trabalho de formação, 599, 628; aspectos da formação, 603, 892; formação doutrinal, 450, 840-2. Ver DOCILIDADE, DOUTRINA.

FORTALEZA
325, 337, 473, 643, 762, 792, 884-5. Ver AUDÁCIA, COMPREENSÃO, PACIÊNCIA, SERENIDADE, VALENTIA.

FRAQUEZAS
164, 190, 213, 294, 378; amor e misericórdia divinos, 897; deixá-las nas mãos de Deus, 201, 426, 484; Deus conta com os nossos defeitos, 182, 379, 507; humildade, esperança em Deus, 158, 181, 187, 212, 606. Ver DEFEITOS, HUMILDADE (e fraquezas).

FRATERNIDADE
146-52, 251, 460, 561, 563, 846, 940; caridade, carinho, 98, 148-9, 454-5; correção fraterna, 146-7, 641; serviço, 469, 471, 557, 562; delicadeza no trato, 99. Ver CORREÇÃO FRATERNA, VOCAÇÃO CRISTÃ.

GENEROSIDADE
Com Deus, 43-5, 291, 338, 674; no serviço aos demais; 141, 150. Ver ABNEGAÇÃO, DESPRENDIMENTO, ENTREGA, SERVIÇO.

GLÓRIA DE DEUS
255, 334, 611, 639, 704, 851, 921, 1051, 1053. Ver HUMILDADE (e glória de Deus).

GOVERNO
577, 627, 727, 884-5. Ver AUTORIDADE, DIREÇÃO ESPIRITUAL, SERVIÇO.

GRAÇA DIVINA
160, 246, 325, 862.
Natureza e efeitos: formosura e fortaleza da graça: 313; luzes divinas, 624; origem de todo bem, 971; a ação na alma, 3, 7, 31, 33, 516, 608, 800, 813, 874, 902; com a graça podemos tudo, 216, 321, 845. Ver ESPÍRITO SANTO, FILIAÇÃO DIVINA, MEIOS (sobrenaturais), SANTIDADE.
Correspondência à graça, 11, 32, 178-9, 211, 238, 274, 276, 280, 288, 291,

370, 383, 385, 388, 397, 416, 475, 674, 686, 822, 857, 860, 912-3, 920, 971, 984, 1007. Ver ENTREGA, FIDELIDADE, VOCAÇÃO (chamada divina).

HEDONISMO
15, 23, 767.

HIERARQUIA ECLESIÁSTIA
136.

HUMILDADE
181-7, 246, 324, 588, 590, 595-600, 662.
Natureza e necessidade, 142, 596, 871; recorrer à ajuda de Deus, 66-7; humildade e caridade, 454, 473, 844. Ver SANTIDADE.
Humildade e glória de Deus, 255, 334, 363, 611, 639, 704, 851, 921, 1051, 1053. Ver GLÓRIA DE DEUS, RETIDÃO DE INTENÇÃO.
Humildade e conhecimento próprio, 33, 41, 56, 145, 171, 174, 176, 184, 197, 338, 342, 379, 593, 606-7, 643, 751, 794, 822, 1053. Ver CONHECIMENTO PRÓPRIO, EXAME DE CONSCIÊNCIA.
Humildade e fraqueza, 153, 158, 172, 180-2, 187, 189, 196, 215, 287, 312, 314, 398, 419, 599, 840, 897, 1054. Ver CONTRIÇÃO, FRAQUEZA, LUTA ASCÉTICA (humilde e confiada).
Humildade e esquecimento próprio, 97, 120, 152, 247, 310, 478, 591, 601, 683; ocultar-se e desaparecer, 472, 592, 669, 670, 765, 1051. Ver VIDA ORDINÁRIA.
Instrumento no apostolado, 147, 232, 330, 370-1, 610, 666, 671, 821, 915. Ver APOSTOLADO (instrumentos de Deus), INSTRUMENTOS DE DEUS.
Frutos, 139, 241, 392, 600, 608, 803, 935, 1020-1. Ver EFICÁCIA.

IGREJA
Unidade, 175, 631-2, 647, 879, 932; missão, 471, 638, 640; fidelidade e amor à Igreja, 138, 461, 581, 584-6, 630, 634, 1043; dificuldades na vida da Igreja, 258, 852, 1026; rezar pela Igreja, 136, 583.
Ver COMUNHÃO DOS SANTOS, HIERARQUIA ECLESIÁSTICA, MAGISTÉRIO DA IGREJA, ROMANO PONTÍFICE.

INFÂNCIA ESPIRITUAL
345-54; humildade e abandono, 142, 195, 244, 335, 598; piedade de meninos, 80, 101, 230, 234, 330, 349, 351, 928; simplicidade e audácia, 285, 301-2, 350-3, 359, 924; vida de infância, 300, 305, 329, 345-8, 354, 430, 446, 624. Ver FILIAÇÃO

DIVINA, SIMPLICIDADE, VIDA ORDINÁRIA.

INFERNO
1002, 1047.

INSTRUMENTOS DE DEUS
607, 610, 613-4, 665-8, 673, 822, 850, 871, 874, 880-1, 894, 927, 989.

JACULATÓRIAS
176, 197, 354, 497, 515, 527, 746; "Domine, adiuva incredulitatem meam!", 257; "Ure igne Sancti Spiritus!", 923; "Ut videam!", 318.

JESUS CRISTO
2, 8, 158, 319, 643, 752-8, 894.
Encarnação, 452, 865, 1004. Ver REDENÇÃO.
Nascimento e vida oculta, 248, 274, 345, 548. Ver VIDA ORDINÁRIA.
Paixão e Morte, 14, 550, 799; contemplar a Paixão, 402, 442, 753, 758, 778, 781; Cristo na Cruz; 4, 191, 275, 405, 785, 788, 799, 878; devoção às suas Chagas, 5, 755, 894, 934; Morte e Sepultura, 676, 777. Ver CRUZ, REDENÇÃO.
Glorificação, 660.
Humanidade Santíssima do Senhor, 290, 301, 546-7, 780; a Jesus por Maria, 243, 249, 568, 661; é nosso Modelo, 46, 138-9, 142, 523, 526, 558, 590, 612, 688, 732, 752, 888, 1020-1; trato confiado, 37, 302, 495, 764.
Coração Sacratíssimo de Jesus, 298, 867, 933, 936.
Realeza de Cristo, 10, 25, 74, 140, 155, 188, 418, 425, 437, 449, 468, 553, 770, 786, 818, 886, 1022, 1027.
Ver VIDA INTERIOR, VIDA SOBRENATURAL.

JUSTIÇA
502. Ver CARIDADE, DEVERES E DIREITOS, FIDELIDADE, VERACIDADE.

LABORIOSIDADE
696, 698, 701, 705-6. Ver APROVEITAMENTO DO TEMPO, ORDEM, TRABALHO (perfeição humana).

LAICISMO
720, 721, 974, 975; leis anticristãs, 259, 466, 722; perseguição à Igreja, 466, 585, 636.

LEALDADE
Ver FIDELIDADE.

LEI
Lei civil, 104; leis anticristãs, 259, 466, 722. Ver AUTORIDADE, GOVERNO, SOCIEDADE CIVIL.

LEITURAS
976. Ver CULTURA.

LIBERDADE
144, 712, 720; na vida espiritual, 154, 156, 820; liberdade e entrega, 819, 1043.

Ver ATIVIDADES TEMPORAIS, SECULARIDADE.

LITURGIA
646; Santa Missa, 644-5, 833; tempo de Advento, 548; tempo de Natal, 549. Ver CULTO DIVINO, MISSA.

LUTA ASCÉTICA
58-157, 158-215, 377-474.
Necessidade e objetivos, 81, 83, 89, 128, 181, 389, 445, 487, 639, 652; frutos, 102, 105; a santidade é luta, 60-1, 65, 78, 186, 312, 355; meios, 119, 411. Ver EXAME DE CONSCIÊNCIA, SANTIDADE, TIBIEZA.
Alegre e esportiva, 168-9, 223, 251; começar e recomeçar, 115, 163, 344, 378-9, 384, 736. Ver ALEGRIA, OTIMISMO.
Humilde e confiada, 194, 199, 278, 483, 588, 821, 9994; a ajuda da Virgem, 845, 864. Ver FRAQUEZAS, HUMILDADE (e fraquezas).
Constante e forte, 100, 111, 295, 382, 429, 737; cansaço na luta, 244, 286, 447; perseverança, 51, 82, 605. Ver FORTALEZA, PACIÊNCIA, PERSEVERANÇA.
Na vida ordinária, 208, 735. Ver VIDA ORDINÁRIA.

MAGISTÉRIO DA IGREJA
133, 581, 585, 633. Ver DOCILIDADE, DOUTRINA (de fé), ROMANO PONTÍFICE.

MATERIALISMO
23.

MATRIMÔNIO
691. Ver FAMÍLIA CRISTÃ.

MATURIDADE HUMANA E SOBRENATURAL
53, 307, 493, 642, 806, 850. Ver CARÁTER, CRITÉRIO, VIRTUDES.

MEIOS
Sobrenaturais, 72, 372, 407, 429, 431, 571, 664, 919, 957; meios econômicos e materiais, 218, 284, 525, 731, 807, 809. Ver APOSTOLADO (fundamento), DESPRENDIMENTO, POBREZA.

MISERICÓRDIA DIVINA
173, 210, 293, 476. Ver AMOR DE DEUS.

MISSA
824-838; amor à Santa Missa, 438, 541, 644, 829, 934; centro e raiz da vida interior, 69, 826; Comunhão eucarística, 825, 828, 830; piedade do sacerdote, 436, 833. Ver EUCARISTIA.

MORAL CRISTÃ
709. Ver CONSCIÊNCIA, PESSOA HUMANA.

MORTE
990, 1001, 1039-40, 1042;

ÍNDICES

sem medo à morte, 987, 1034-8. Ver VIDA ETERNA.

MORTIFICAÇÃO
Natureza e necessidade, 400-1, 406, 519, 784, 1025; para alcançar a santidade, 431; para combater as tentações, 209; para o apostolado, 407; para guardar a pureza, 316; para tornar a vida agradável aos outros, 149.
Mortificação interior: da imaginação, 1023; da inteligência, 347; da língua, 152.
Mortificação habituais, 150, 154, 156, 289, 382, 403, 408-10, 518, 785. Ver APOSTOLADO (fundamento), COISAS PEQUENAS, CRUZ, MEIOS (sobrenaturais), PENITÊNCIA.

MUNDO
Amor ao mundo, 569, 703, 710, 848; influir cristãmente, 15, 23, 102; santificação do mundo, 130, 678, 901, 916, 927, 943, 947, 983, 1018; crise do mundo atual, 434, 530, 975. Ver ATIVIDADES TEMPORAIS, PECADO, SECULARIDADE, SOCIEDADE CIVIL.

NACIONALISMO
879.

NATURALIDADE
140, 143, 508. Ver VIDA ORDINÁRIA.

NORMAS DE PIEDADE
81, 83, 485. Ver PLANO DE VIDA.

NOVÍSSIMOS
Ver INFERNO, MORTE, PURGATÓRIO, VIDA ETERNA.

OBEDIÊNCIA
Natureza e necessidade, 231, 327, 530, 599; características, 627, 629; no apostolado, 133, 175, 581, 666; eficácia, 574, 626. Ver DIREÇÃO ESPIRITUAL, DOCILIDADE, FÉ (operativa), FORMAÇÃO.

ORAÇÃO
71-6, 435, 441, 756, 949.
Necessidade, 121, 209, 431, 545, 1003; eficácia, 72, 76, 100, 228, 233, 297, 439.
Características: ato de adoração, 263; audácia, infância espiritual, 285, 302, 345; confiada, 230, 341, 386, 391, 449; humilde e perseverante, 262, 341, 386, 535, 536, 652; viva e operativa, 75, 358, 738. Ver CONTEMPLATIVOS.
Oração mental, 511, 534, 539, 540; consolos e aridezes, 537, 753; conteúdo da oração, 36, 1035, 1038; meditar a vida de Cristo, 322, 549, 886.
Oração vocal, 432, 747.
Ver TERÇO.
Oração de petição, 66-7,

341, 372, 386, 512, 650, 906, 910.

ORDEM
421, 729, 806. Ver APROVEITAMENTO DO TEMPO.

OTIMISMO
Na luta interior e no apostolado, 217, 223, 637; moral de vitória, 283, 337, 344; não ter medo de nada nem de ninguém, 260; otimismo cristão, 220, 222, 237, 321, 659. Ver ALEGRIA, CONFIANÇA (em Deus), ESPERANÇA, FILIAÇÃO DIVINA, PESSIMISMO.

PACIÊNCIA
708. Ver FORTALEZA, LUTA ASCÉTICA (constante e forte), SERENIDADE.

PAZ
Paz interior, 54, 102, 166, 248, 423, 429, 536, 648, 649, 805-6; semeadura de paz, 106, 373. Ver ALEGRIA, COMPREENSÃO, LUTA ASCÉTICA, OTIMISMO, SERENIDADE.

PECADO
394, 464, 550, 1002, 1024, 1029; dor, reparação, 207, 402, 417, 655, 1026; pecados de omissão, 146, 577; tentações, luta, 119, 124, 158, 166, 411; pecado original, 183, 187, 720; pecado venial, 114. Ver CONTRIÇÃO, REPARAÇÃO.

PENITÊNCIA
Espírito de penitência, 149, 160, 208, 225, 408-9, 784; frutos da penitência, 817. Ver CONFISSÃO SACRAMENTAL, CONTRIÇÃO, MORTIFICAÇÃO, PECADO, REPARAÇÃO.

PERSEVERANÇA
220, 355, 420, 1001; no plano de vida, 81, 169, 535, 819; perseverança final, 656. Ver FIDELIDADE (à vocação), LUTA ASCÉTICA (constante e forte).

PESSIMISMO
216-85. Ver OTIMISMO.

PESSOA HUMANA
891, 961.

PIEDADE
79-86, 430-50; fundamento de toda a atividade; 513, 572, 733, 739; piedade doutrinal, 450, 918; piedade eucarística, 541-2, 824-38; piedade mariana, 77, 376, 527, 568; imagens sagradas, 719; no plano de vida, 83, 737; vida de piedade, 76, 86, 302, 395, 430, 447, 499, 545, 586, 652, 890. Ver CARIDADE (com Deus), FILIAÇÃO DIVINA, LITURGIA, ORAÇÃO.

PLANO DE VIDA
81, 83, 421, 736-7, 754. Ver CONTEMPLATIVOS, NORMAS DE PIEDADE.

POBREZA
807-10; espírito de pobreza, 46, 524, 728, 888; exemplo

de Jesus Cristo, 732, 810, 997. Ver DESPRENDIMENTO.

PRESENÇA DE DEUS
Como filhos de Deus, 80, 501; contemplativos no meio do mundo, 343, 506, 738, 740; no trabalho, 744-7; na vida diária, 538, 743, 1014; indústrias humanas, 510, 923; não estamos sós, 250, 724, 751. Ver CONTEMPLATIVOS, JACULATÓRIAS, ORAÇÃO, PIEDADE.

PRIMEIROS CRISTÃOS
622, 632. Ver APÓSTOLOS.

PROPÓSITOS
295, 503, 820, 883; devem ser concretos, 75, 116. Ver EXAME DE CONSCIÊNCIA, LUTA ASCÉTICA.

PROSELITISMO
856, 858, 912. Ver APOSTOLADO.

PROVIDÊNCIA DIVINA
221, 323, 533, 609, 619, 658, 929. Ver ABANDONO, CONFIANÇA (em Deus).

PRUDÊNCIA
467, 729, 840, 961; prudência da carne, 218. Ver LEITURAS.

PUREZA
Ver CASTIDADE.

PURGATÓRIO
1046.

PURIFICAÇÃO
5, 41, 160, 171, 761-76, 937; das intenções, 800; do coração, 750, 761, 802. Ver REPARAÇÃO.

RECOLHIMENTO
405, 738, 1023. Ver CONTEMPLATIVOS, PRESENÇA DE DEUS.

REDENÇÃO
14, 30, 983, 1044; frutos da Redenção, 4, 191, 367, 865. Ver CORREDENTORES, CRUZ, JESUS CRISTO (Paixão e Morte).

REPARAÇÃO
153, 198, 207, 434, 438, 444, 604. Ver CONTRIÇÃO, PECADO, REDENÇÃO.

RESPEITOS HUMANOS
200, 459, 460, 711, 716, 723, 795, 946.

RESPONSABILIDADE
Na própria santidade, 50, 330, 613, 640; na santidade dos outros, 20, 107, 118, 146, 148, 360, 364, 370, 462, 464, 470-1, 789, 873, 935-6, 955, 1011; na tarefa apostólica, 55, 881, 892, 896; no trabalho: 467, 681, 712. Ver APOSTOLADO, SANTIDADE, TRABALHO.

RETIDÃO DE INTENÇÃO
199, 477, 509, 654, 1028; procurar a glória de Deus, 49, 87, 255, 460, 611, 851, 921, 1009, 1033, 1048; fazer tudo por Amor, 200, 485,

749, 1041; no apostolado, 72, 175, 962, 978. Ver APOSTOLADO (instrumento de Deus), GLÓRIA DE DEUS, HUMILDADE (e glória de Deus), TRABALHO (perfeição humana).

ROMANO PONTÍFICE
Amor e veneração, 134-6; fidelidade, 133, 633-4; união com o Papa, 638, 647.

SACERDÓCIO
Características da vocação sacerdotal: é um apostolado, não uma carreira, 582; outro Cristo, 882.
Ministério sacerdotal: celebração do Santo Sacrifício, 833; ministério da pregação, 662, 965-7; recitação do Ofício divino, 747.
Vida dos sacerdotes: não estão sós, 38; piedade sacerdotal, 775.
Vocações para o sacerdócio: petição de vocações, 910.
Rezar pelos sacerdotes, 646, 964-5.

SACRAMENTOS
643. Ver BATISMO, CONFISSÃO SACRAMENTAL, EUCARISTIA, MATRIMÔNIO, SACERDÓCIO.

SACRIFÍCIO
299, 504, 556, 620, 757--69, 839. Ver APOSTOLADO (fundamento), CRUZ, ENTREGA, MORTIFICAÇÃO.

SAGRADA FAMÍLIA
549, 551, 624. Ver SÃO JOSÉ, SANTÍSSIMA VIRGEM.

SANTIDADE
Chamada universal, 13, 269, 331, 572, 702, 860.
Características: desejos de santidade, 116, 320, 357, 391, 419, 516, 820, 883; é obra de Deus, 39, 276, 340; é vida, não rigidez, 156; a Cruz, cunho de autenticidade, 517; parecer-se com Jesus Cristo, 10, 418, 752, 818; santidade e caridade, 393, 556, 562, 578, 605, 617, 725, 861, 877; santidade e luta ascética, 58, 186, 312, 377, 440, 873, 990.

SANTÍSSIMA TRINDADE
2, 430, 543; inabitação na alma, 261, 932, 1015; e a Virgem Maria, 285, 482, 543, 555. Ver ESPÍRITO SANTO, FILIAÇÃO DIVINA, GRAÇA DIVINA, JESUS CRISTO.

SANTÍSSIMA VIRGEM
Vida e prerrogativas: Anunciação, 328; cheia de graça e perfeições, 491; Maternidade divina, 273, 482, 911; Mãe dos homens, 190, 234, 273, 314, 433, 986; Medianeira da graça, 227, 272; Mestra de amor a Deus,

555, 854, 994; Modelo de humildade, 588, 608; Coração Dulcíssimo de Maria, 1055; Rainha e Senhora de toda a criação, 285, 376; relações com a Santíssima Trindade, 285, 482, 543, 555.
Devoção à Virgem, 70, 77, 137, 243, 285, 315, 336, 354, 527, 543, 615; a Jesus por Maria, 249, 568, 661, 677, 807; Esperança nossa, 215, 251, 281, 474; Maria e a vida interior, 124, 157, 161-2, 178, 864; a sua ajuda no apostolado, 57, 874; celebrar as suas festas, 434; recitação do terço, 621.

SÃO JOSÉ
Mestre de vida interior, 553-4; devoção a São José, 272, 551-2.

SECULARIDADE
569, 703, 723. Ver ATIVIDADES TEMPORAIS, MUNDO, VOCAÇÃO CRISTÃ.

SENTIDO SOBRENATURAL
50, 680, 730, 996, 998, 1001, 1017; sentido sobrenatural, 96, 506-7, 657, 749, 908; na vida interior, 125, 278, 510, 708; diante das contradições, 245, 609, 709, 763; no apostolado, 53, 125, 459, 573, 651. Ver RETIDÃO DE INTENÇÃO, UNIDADE DE VIDA.

SERENIDADE
343, 467, 795, 797. Ver ABANDONO, FORTALEZA, PROVIDÊNCIA DIVINA.

SERVIÇO
Dar-se aos outros, 146-52, 310, 368, 562; espírito de serviço, 72, 83, 144, 469, 683, 1045; imitar o exemplo de Jesus, 138, 612; esquecimento próprio, 853, 861; servir com alegria, 308, 699. Ver ABNEGAÇÃO.

SIMPLICIDADE
126, 226, 460, 530. Ver INFÂNCIA ESPIRITUAL, NATURALIDADE.

SINCERIDADE
328, 576, 694; na direção espiritual, 126-8, 192-3, 242, 427. Ver SIMPLICIDADE, VERACIDADE.

SOCIEDADE CIVIL
709-28; participação na vida pública, 453, 715; convivência, compreensão, 457; descristianização, 259, 466, 767; dar sentido cristão, 697, 716, 718. Ver ATIVIDADES TEMPORAIS, AUTORIDADE, LEI, MUNDO, SECULARIDADE.

SOLIDÃO
249-500.

TEMPERANÇA
783. Ver CASTIDADE, DESPRENDIMENTO, MORTIFICAÇÃO, POBREZA.

TENTAÇÕES
124, 215, 223, 286, 309, 311, 313, 487; remédios, 209, 241, 307, 317, 411, 864. Ver DEMÔNIO, ASCÉTICA.

TERÇO
621.

TESTEMUNHO
36, 95, 118, 140, 450, 452, 560, 695-7, 709, 723, 899, 909, 980; apostolado do exemplo, 463, 479, 694.

TIBIEZA
89, 163, 224, 488-90, 701, 926, 930, 936. Ver CARIDADE (com Deus), LUTA ASCÉTICA (necessidade e objetivos), VIDA INTERIOR, VIDA SOBRENATURAL.

TRABALHO
Natureza e necessidade, 618, 684, 702, 725. Ver ATIVIDADES TEMPORAIS, MEIOS (econômicos e materiais).
Perfeição humana retidão de intenção: entusiasmo profissional, 703; perfeição no trabalho, 681, 698, 700, 705, 713, 735, 989; retidão de intenção, 49, 611, 704, 730; últimas pedras, 498. Ver COISAS PEQUENAS.
Santificar o trabalho, 618, 678, 687, 702, 739, 748; Meios de santificação pessoal: exercício de virtudes, 277, 409, 744; oferecimento do trabalho, 745. Ver CONTEMPLATIVOS, UNIDADE DE VIDA.
Instrumento de apostolado, 663, 685, 707, 945, 984. Ver APOSTOLADO.

UNIDADE
148, 425, 437, 471, 630-1, 879, 890, 956, 963. Ver APOSTOLADO (unidade do apostolado).

UNIDADE DE VIDA
576, 694, 696, 733-49, 1019. Ver CONTEMPLATIVOS, NORMAS DE PIEDADE, TRABALHO (santificar o trabalho).

UNIVERSALIDADE
583.

VALENTIA
6, 466, 546; na defesa da verdade, 129, 459. Ver AUDÁCIA, FORTALEZA.

VERACIDADE
Defender a verdade, 559, 959-60, 977; difundir a verdade, 130, 946; verdade e caridade, 129, 564, 842. Ver DOUTRINA, SINCERIDADE.

VIDA ETERNA
987-1055; ânsias de felicidade, 1005-6, 1021, 1030; esperança do Céu, 992-6, 1031-2.

VIDA HUMANA
995, 1000.

VIDA INTERIOR
Fundamento do apostolado, 399, 572, 708, 890, 892, 936,

969; trato com Deus, 78, 84, 417, 510, 1003, 1015; não é questão de sentimentos, 446, 484, 485, 1015; deve manifestar-se com obras, 734, 981; dificuldades, 109, 224, 290, 389, 395, 447; perseverança, 540; Maria e a vida interior, 84, 157, 161-2, 543; São José, Mestre de vida interior, 533. Ver APOSTOLADO (fundamento), ESPÍRITO SANTO, JESUS CRISTO (identificação com Cristo), LUTA ASCÉTICA, PIEDADE, VIDA SOBRENATURAL.

VIDA ORDINÁRIA
Com naturalidade, sem chamar a atenção, 508, 522, 690, 941-2; caminho de santidade, 616, 679, 741-2; correspondência à graça, 421, 686, 736; e apostolado, 870; sentido de eternidade, 688, 917. Ver COISAS PEQUENAS, HUMILDADE, NATURALIDADE, TRABALHO.

VIDA SOBRENATURAL
2, 5, 39, 97, 183, 212, 511, 602, 605, 673, 1016; viver em Cristo, 122, 173, 179, 418, 425, 654, 755-92, 875, 886, 913, 927, 1018; trato com o Espírito Santo, 261, 516, 759, 932. Ver ESPÍRITO SANTO, VIDA INTERIOR.

VIRTUDES
Teologais, 67, 227, 295-6, 389, 479; humanas e cardeais, 53, 86, 163, 711, 744, 801, 866, 944. Ver CARÁTER, FORTALEZA, JUSTIÇA, PRUDÊNCIA, TEMPERANÇA.

VOCAÇÃO
1-57; chamada divina, 7, 10, 12, 17-8, 39, 278-80, 363, 902, 904; natureza e características, 362, 365, 855, 905, 927, 972; resposta à vocação, 6, 52, 58-9, 88, 123; vocação e luta ascética, 58, 182, 850; fidelidade à vocação, 20, 22, 420, 472.

VOCAÇÃO CRISTÃ
Chamada à santidade, 13, 269, 331, 572, 702, 860; viver como cristãos, 94-5, 361, 396, 464, 572, 576, 622, 695, 860; vocação apostólica, 1, 24, 97, 360, 375, 451, 672-3, 923, 946, 948, 968; amor à Cruz, 762-4, 786, 882; o cristão, outro Cristo, 342, 468, 665, 859; amor ao mundo, 703; amor e fidelidade à Igreja, 584, 586, 640, 642; corredentores, 26, 669, 674; correspondência, 65, 416, 528, 622, 675; dever de rezar, 366, 646; deveres sociais, 714-5, 717; espírito de serviço, 141, 612; sal e luz, 450, 942, 969; semeadores de paz, 649; testemunho cristão, 463, 564; convivência, caridade, 453, 565, 889, 953. Ver SANTIDADE.

VONTADE DE DEUS
  Amor, identificação, 40, 42, 48, 122, 240, 292, 323, 390, 398, 422, 512, 529, 617, 769, 771, 775, 788, 803, 812-4, 822, 1006, 1034, 1039; luta por cumpri-la, 88, 238, 275, 288, 624, 823, 1010; exemplo de Nossa Senhora, 854.
  Ver RETIDÃO DE INTENÇÃO.

Direção geral
Renata Ferlin Sugai

Direção editorial
Hugo Langone

Produção editorial
Juliana Amato
Gabriela Haeitmann
Ronaldo Vasconcelos
Daniel Araújo

Capa
Gabriela Haeitmann

Diagramação
Sérgio Ramalho

ESTE LIVRO ACABOU DE SE IMPRIMIR
A 9 DE AGOSTO DE 2023,
EM PAPEL IVORY SLIM 58 g/m².